AF232611

ÉLOGE

DE

PELLISSON

PAR

M. L'ABBÉ J. TOLRA DE BORDAS

PROFESSEUR DE RHÉTORIQUE

Vir bonus, dicendi peritus. (CATON.)
Le style, c'est l'homme. (BUFFON).

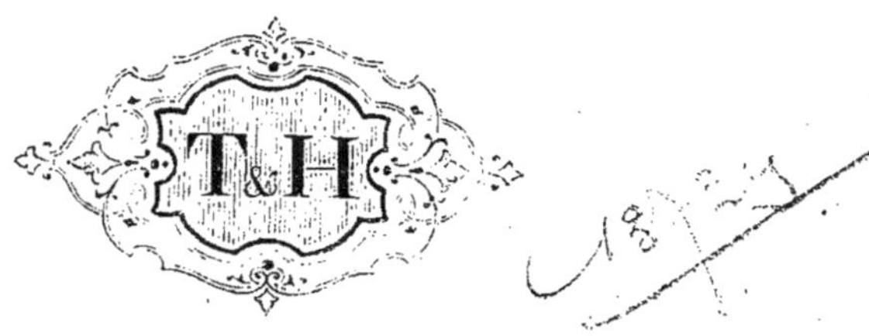

PARIS

TOLRA ET HATON, LIBRAIRES-ÉDITEURS

68, RUE BONAPARTE, 68

ÉLOGE

DE

PELLISSON

PARIS. — IMP. SIMON RAÇON ET COMP., RUE D'ERFURTH, 1.

ÉLOGE

DE

PELLISSON

PAR

M. L'ABBÉ J. TOLRA DE BORDAS

PROFESSEUR DE RHÉTORIQUE

Vir bonus, dicendi peritus. (Caton.)
Le style, c'est l'homme. (Buffon.)

PARIS

TOLRA ET HATON, LIBRAIRES-ÉDITEURS

68, RUE BONAPARTE, 68,

1860

ÉLOGE

DE

PELLISSON

Vir bonus, dicendi peritus. (CATON.)
Le style, c'est l'homme. (BUFFON.)

Lorsque, au milieu d'une société peuplée d'hommes de guerre, d'écrivains et de courtisans, se groupant autour de la personnification du pouvoir royal, il se rencontre un homme qui sait garder son indépendance et sa personnalité; quand les esprits les plus cultivés semblent trop souvent chercher leur gloire ou plutôt leur profit dans une capitulation intellectuelle, qui les jette dans l'adulation et la servitude, et que quelques autres, aspirant à une liberté coupable, se laissent entraîner à la révolte, il est beau de considérer dans un seul le courage hardi joint à l'inaltérable fidélité, reculant également devant de basses flatteries ou d'ambitieuses tentatives : conscience droite, où l'on admire à la fois le fanatisme du devoir et le courage des convictions. Lorsque à cela cet esprit éclairé réunit des connaissances telles que, sous sa plume, les expressions prennent une justesse jusqu'alors inconnue, et les tournures un caractère plus régulier; — lorsque, enfin, dans un temps de discordes religieuses, cet homme au caractère élevé recherche de bonne foi et proclame la vérité, à laquelle il s'efforce de ramener les dissidents par tous les moyens pacifiques que la persuasion et le zèle peuvent lui suggérer ; c'est là assurément un spectacle consolant, capable de dédommager de bien des faiblesses et des défaillances le spectateur paisible des événements d'une époque et des actions de ses grands hommes.

C'est un sentiment semblable qui nous domine quand notre esprit se représente l'homme illustre dont notre plume inhabile ose essayer de louer le caractère et les travaux.

Les œuvres d'un homme ne sauraient se séparer de sa vie, et c'est de Pellisson surtout que cette observation est vraie. Combien de fois n'a-t-on pas dit que ses écrits manquaient d'unité ? N'y a-t-il pas toujours unité dans la vie que la Providence a départie à chacun, et n'y aura-t-il pas unité dans les œuvres, dès là que celles-ci seront en rapport avec les diverses circonstances de la vie ? En un mot, n'est-il pas vrai que l'unité consiste bien moins à cultiver un seul genre de connaissances, qu'à maintenir dans une harmonieuse conformité les écrits d'un auteur avec sa vie ? S'il en était autrement, il faudrait dire que les immortels écrits de Cicéron manquent d'unité, parce qu'ils nous offrent à la fois de l'histoire, de l'éloquence et de la philosophie. Il faudrait adresser le même reproche à ceux de Bossuet, parce que le sermon s'y trouve à côté de la controverse religieuse et politique, et que l'histoire y confine avec la théologie... Non pas que nous mettions le défenseur de Fouquet et l'auteur du *Traité de l'Eucharistie* au niveau de ces deux grands princes de la parole, mais parce que Voltaire lui avait trouvé une certaine ressemblance avec l'orateur de Rome, et que l'Aigle de Meaux ne croyait pas se rabaisser en sollicitant les conseils de Pellisson.

Nôn, les écrits de Pellisson ne manquent pas d'unité; car il n'a provoqué ni répudié aucune des circonstances de sa vie qui les inspirèrent tour à tour; et, en suivant leur courant, ses œuvres ont, au contraire, constitué une des grandes assises de l'unité de sa vie. — La variété avec laquelle il obéit à ses inspirations ne sert qu'à faire ressortir la flexibilité de son talent, à une époque d'incertitude et de formation pour la langue qu'il maniait et que tous ses efforts tendirent à relever.

Aussi, — ne saurions-nous jamais assez le redire, — les œuvres de Pellisson ne peuvent être appréciées si on ne les rattache aux divers événements de sa vie : alors seulement leur but et leur unité éclatent au dehors; car l'unité est dans l'ensemble. Le cadre est nécessaire au tableau ; et ce tableau n'en est pas moins un, quoiqu'il y ait variété d'aspects et multiplicité dans le coloris, comme le corps humain n'en est pas moins un, quoique composé de parties dissemblables. — Voyez-le dans les salons pendant sa première jeunesse : l'engouement et l'esprit de l'étudiant lui concilient tous les suffrages. Le souvenir de ses premières études juridiques demeure empreint dans un écrit sérieux et élégant où la profondeur et la clarté annoncent ce que sera le jeune homme dans la maturité de son talent. Rien de futile ne sort de sa plume, lorsque trop souvent le talent était prodigué dans des ouvrages légers, sans consistance et sans goût. Les anciens sont ses maîtres : il s'exerce sur le premier des poëtes, en attendant qu'il déploie cette éloquence qu'il puisera à l'étude du premier orateur de Rome. Les circonstances de sa vie sont les seuls inspirateurs de ses écrits : c'est pour un ami malheureux qu'il se sent porté à prendre une plume éloquente, comme ce fut à la demande d'un ami qu'il étudia Homère. — Sa fortune le place à côté du trône, en le désignant pour raconter la vie et les conquêtes du grand roi; et jusque dans ses *Lettres* mêmes, échappées à l'entraînement joyeux d'une correspondance nécessairement hétérogène, Pellisson, à la différence du *Grand Épistolier*, a su conserver l'unité, en évitant l'uniformité. — Ses relations avec plusieurs des fondateurs de l'Académie française lui inspirent la pensée de transmettre à la postérité l'histoire de cette compagnie. — Enfin, son retour volontaire et raisonné à l'antique croyance catholique lui suggère la pensée d'élever un monument à la gloire du plus auguste et du plus sacré de nos dogmes. En un mot, il n'a, pour mettre sa vie littéraire en rapport avec sa vie publique et privée, qu'à vivre en causeur de salon, en curieux littéraire, en ami et sujet dévoué, en chrétien fidèle et soumis.

N'est-il pas vrai, nous le demandons, que la vie de l'homme et celle de l'écrivain n'en font qu'une? et même, à s'en tenir à la célèbre parole de Buffon, peut-on imaginer une union plus étroite entre un auteur et son œuvre?

Jamais peut-être le caractère et le cœur ne furent en harmonie chez un homme comme chez Pellisson; en effet, ce qui domine dans sa vie, c'est une inaltérable fidélité : fidélité à l'amitié, fidélité aux traditions du langage, fidélité à son roi, fidélité à sa conscience; de sorte qu'il a pu dire de lui-même sans présomption, qu'il s'efforça toujours, autant que la vanité et la faiblesse humaine le lui purent permettre, de faire sa première passion de l'honneur et du devoir.

Il est donc vrai, bien que les écrits de Pellisson semblent tout d'abord manquer d'unité comme sa vie, à raison des personnages divers qu'il réunit en lui, il faut reconnaître que chacun de ses actes, chacune de ses œuvres, vient à propos, depuis son *Histoire de l'Académie française* jusqu'à ses *Défenses pour Fouquet*, depuis sa *Paraphrase des Institutes* jusqu'à son *Traité de l'Eucharistie.*

Pourquoi les lettres en général, et en particulier l'éloquence, avaient-elles fait si peu de progrès en France jusqu'à Richelieu ? Nous croyons qu'il y eut trois causes à cette stagnation littéraire : d'abord, l'absence de vie politique, qui tenait les esprits éclairés éloignés du maniement des affaires ; en second lieu, le dédain des seigneurs pour toute occupation intellectuelle, qui leur faisait négliger et méconnaître la pureté dont était susceptible leur langue nationale ; enfin, l'absence d'unité dans la foi, et les déchirements qui résultaient des discordes et des guerres religieuses suscitées par la réforme.

Ce grand œuvre de la régénération des lettres avait été entrepris par Richelieu, désireux de tarir la triple source de leur décadence par la ruine des princes et des seigneurs, par l'établissement d'une aristocratie intellectuelle, enfin par une guerre impitoyable à l'hérésie. Ce fut en combinant ces éléments que ce grand homme d'État parvint à consacrer à un degré éminent le pouvoir de l'unité : en matière de religion, par la défense de la foi catholique ; en matière de gouvernement, par le principe d'autorité ; en matière de langage, par la fondation de l'Académie française. Son œuvre lui a survécu, et Pellisson en fut un des continuateurs les plus actifs et les plus heureux.

Pellisson, en effet, personnifie en même temps l'unité de la langue, l'unité du pouvoir et l'unité de la foi, qui ne sont autre chose que l'harmonieuse et divine identité de la volonté, de la pensée et de la parole dans l'individu. Et le siècle du grand roi, qui voulut identifier l'État en sa personne, était bien le siècle qui convenait à ce travail d'unification, destiné par la Providence

à un immense succès et bien capable de rendre plus magnifique
l'éclat d'un règne si glorieux.

Né à Béziers en 1624, vingt ans après Riquet, à la famille
duquel il était allié, et quarante ans avant le père Vanière, Paul
Pellisson (1) apparaissait au moment où Balzac et Descartes ho-
noraient la langue française, en attendant les accents sublimes
de Corneille. Ce nom avait déjà présenté une série de magistrats,
d'ambassadeurs et de protecteurs des lettres ; et la *Chambre de
l'Édit* de Castres (2) voyait se succéder, de génération en génération, dans cette famille, l'héritage des vertus et de l'inté-
grité judiciaires. Aussi cette dernière ville doit-elle être regar-
dée comme la véritable patrie de Pellisson, puisque sa famille
ne se trouvait qu'accidentellement à Béziers, où nous ne le re-
trouvons plus lui-même dans le cours de sa vie. Bientôt privé de
son père, et placé sous les yeux d'une mère vigilante qui pré-
sida à sa première éducation, le fils, dans sa reconnaissance,
voulut perpétuer et comme personnifier dans son nom, aux
yeux de la postérité, les heureux fruits de l'éducation maternelle.

A la ville de Castres appartient la première éducation de
Pellisson, qui, du reste, la considéra toujours comme sa patrie.
Et ce n'est pas une petite gloire pour cette ville que d'avoir vu
former dans ses écoles le jeune esprit qui devait plus tard contribuer si puissamment à polir la langue française. Montauban,
la ville littéraire de la Réforme, qui cédait, peu après, ses
chaires à des maîtres catholiques, reçoit ensuite notre jeune
apprenti philosophe de douze ans, prêt à lutter dans l'arène
aristotélique. C'est ensuite la ville catholique de Cahors, qui le

posséda quelque temps, après Cujas, qu'il allait étudier, avant
Fénelon, qui devait lui succéder à l'Académie (3). Toulouse lui
ouvre enfin son université ; et cette ville, où la gloire des littérateurs ne le cédait qu'à la renommée des jurisconsultes, Toulouse, qui voyait cultivées par les mêmes esprits les lettres et
la jurisprudence, était bien la ville qui devait recevoir au début
de sa carrière celui qui n'allait pas moins s'illustrer comme
avocat que comme littérateur (4). C'est au milieu de la société
toulousaine que se forma l'esprit de celui qui fut plus tard l'ornement et l'orgueil des salons de la capitale. Plus d'une fois, en
entendant, dans les salons de la cité Palladienne, le nouveau
troubadour (5) rendre un glorieux hommage à la poésie dans
une langue qu'on eût pu croire morte ou impuissante, Pellisson
dut sentir naître en lui le désir et l'ambition de faire revivre
dans toute la perfection dont elle était susceptible, la langue de
son pays, de la France et du monde : œuvre plus gigantesque,
plus utile et plus durable. Depuis ce moment, l'unité de la
langue, sa fixation et son perfectionnement, devinrent le rêve
de cette jeune intelligence. Initié à la littérature du jour, il
aimait à revenir à Cicéron, à Homère, à Térence, comme à de
vieux maîtres auxquels on craint toujours de manquer de respect ; et les œuvres de cette époque, où l'on n'entendait guère
que bêler des troupeaux et se choquer des épées, n'avaient
qu'un médiocre attrait pour lui. — En même temps, à une
autre extrémité de la France, on assistait au début d'un autre
étudiant en droit, qui, à peu près du même âge que Pellisson,
comme lui homme d'étude, académicien et homme du monde,
devait briller plus tard avec lui dans les mêmes salons, devenir
évêque et précepteur des fils du roi, lorsque Pellisson serait de
son côté historiographe de France, abbé et apôtre (6).

C'est alors qu'on vit un jeune homme de quinze ans à peine,
déjà réfléchi, spirituel et sensible, découvrir, pour ainsi dire,

par la lecture de Cicéron, de Balzac et de la reine Marguerite,
lés secrets de la langue française, et concevoir l'ambition de la
relever et de l'ennoblir. A l'un, il prit cette chaleur et cet entraînement qui firent briller en lui l'orateur ; au second, le tour
délicat de la pensée et le nombre de la période ; à l'autre enfin
cette négligence molle et légère relevées d'expressions vives et
piquantes. Cicéron fut la source de son éloquence ; Balzac lui
révéla les trésors que recélait la langue ; Marguerite forma en
lui le bel esprit.

Une réflexion semble trouver ici sa place : s'il est vrai que
le goût, dans une langue, puisse se pervertir ou s'altérer, soit
par un respect servile et fanatique des genres précédents, soit
par un téméraire désir d'innover, nous le disons hautement :
la première erreur nous paraît beaucoup moins désastreuse, et,
s'il est permis de le dire, plus honorable, surtout lorsque les
modèles qu'on veut suivre et imiter sont des génies comme Homère, Tacite, Cicéron. Et cependant, nous avons vu la seconde
erreur consacrer trop souvent un système ayant pour triste de-
vise : « Mépris du génie antique et régulateur, froid dédain
pour les grands maîtres ! »

Pellisson avait compris ces écueils ; et, s'il ne sut pas toujours les éviter dans les détails, du moins fut-il toujours fidèle
à la pensée mère qui l'animait et le dirigeait dans ses plans et
dans l'ensemble. Plein de l'image de la perfection antique, ce
jeune homme, en dépit de la confiante prétention de ses com-
patriotes, voulait introduire la perfection dans l'idiome de son
pays. La langue de Pasquier et de Passerat, de Balzac et de
Malherbe, attendait Pascal : Pellisson préparait les voies de cette
rénovation. — Le plus grand péril de notre langue était de se
disperser : le latin et le grec la pénétraient de toutes parts. Enfin,
l'usage, infidèle à sa mission, malgré les efforts de Vaugelas,
l'usage était devenu le caprice. Il s'agissait de fixer la langue,

en fondant en un seul ces trois éléments : l'antiquité, la tradition et la coutume. Telle fut la tâche du disciple de Cicéron, du lecteur de Marguerite, de l'admirateur de Balzac.

Dès l'âge de dix-neuf ans, notre écrivain prend la plume, impatient de s'exercer et de fixer les yeux sur du français pur et élégant. Quel est le sujet qu'il choisit? Le croira-t-on? c'est un commentaire, et un commentaire juridique : une *Paraphrase des Institutes de l'empereur Justinien*. Ne nous étonnons pas de ce choix : il lui fut dicté par son penchant pour l'antiquité, et par son désir d'établir les rapports de la législation avec la philosophie en l'éclairant par l'histoire. Aussi Pellisson, dans ce premier essai, se montre-t-il à la fois jurisconsulte, orateur, historien et moraliste. Sans doute, Justinien était depuis longtemps compris avant Pellisson et sans lui; toutefois, un sentiment délicat et chrétien fait revivre sous cette plume habile une jurisprudence antique qui semblait sans intérêt et sans mérite. Répandre les pures traditions du langage en s'assimilant un écrit sérieux et scientifique, voilà quel fut le double but de cette paraphrase, première assise de l'œuvre de rénovation de la langue, qu'avait entreprise Pellisson. Le style faisait aborder le livre, et une science peu accessible au grand nombre était ainsi vulgarisée, grâce à une forme attrayante et nouvelle, où l'on voyait la langue française s'étudier, s'épurer et se perfectionner. L'auteur rejette toute fécondité stérile, écueil de la paraphrase, et, en expliquant cet « *alembicq de tout ce qui est au droict* (7), » il ne cesse pas d'être substantiel. Un sage discernement et un goût éclairé dans la pensée et dans la méthode, le nombre et la souplesse dans la période, telles sont les qualités qui caractérisent ce premier livre de Pellisson.

Conçu à Toulouse, cet écrit vit le jour à Paris, où son auteur, arrivé à une époque de fêtes et de victoires, fut admis en bonne compagnie de gens d'esprit, dans ces *jeudis de Meudon*, véritable académie de jeunesse, où débuta celui qui devait devenir le fondateur de l'académie de Castres et de Soissons, l'historien et un des membres les plus brillants de l'Académie française. Accueilli bientôt à la rue Saint-Martin, dans ce salon de Conrart, qui avait été le berceau et fut longtemps le sanctuaire de cet illustre corps, il put y retrouver les souvenirs et l'histoire vivante de cette compagnie, pour les transmettre aux âges suivants, en y prodiguant les charmes et les couleurs de son style. L'étude de la langue, le bonheur de converser avec Balzac et Vaugelas, et de vivre au milieu de ceux qui, à son exemple, s'étaient donné pour mission de conserver et de perfectionner la pureté de la langue nationale, voilà ce qui occupe Pellisson à Paris. — A Castres, où il brille bientôt au premier rang dans le barreau, il ne néglige ni la littérature ni les salons : il va faire de longues promenades sur les bords de l'Agout, « afin de n'y être écouté que des arbres et des fontaines ; » il nous apparaît tour à tour causant littérature avec M. de Fondamente, se délassant par ses spirituelles correspondances avec M. de Doneville (8), assistant régulièrement aux séances de l'Académie qu'il avait contribué, plus qu'aucun des vingt membres fondateurs, à établir et à faire prospérer. Fidèle à son culte pour l'antiquité, il apporte à cette Académie son tribut d'ami et de traducteur des anciens ; pendant que Gilles Boileau, Colletet, Faret, Lesfargues, traduisaient Epictète, Hérodote, Eutrope, Cicéron et Quinte-Curce, Pellisson profite du séjour de la campagne pour faire passer dans notre langue le prince des poëtes de la Grèce.

Le séjour de la province, loin de nuire à Pellisson, lui fut très-utile. Peut-être son goût se fût-il plus profondément altéré s'il avait continué pendant sa jeunesse son séjour dans les salons des beaux esprits de la capitale. Toutefois, Paris l'attire de nouveau. Après deux ans d'absence, ses amis le recon-

nurent, aux traits durables de ses manières douces et à cette
éloquence de conversation qui lui était propre, bien plus
qu'aux traits du visage qu'une cruelle maladie, alors si redou-
table et si redoutée, avait défigurés(9). Il pouvait leur dire, en
se présentant à eux :

> Ne regardez point mon visage,
> Regardez seulement à ma tendre amitié...

La tâche laborieuse et active de l'avocat fut désormais au-
dessus de ses forces, et il ne put que se dédommager par la
culture des lettres des regrets que devait lui faire éprouver
l'abandon d'une profession brillante et d'un avenir florissant.

A l'époque où nous sommes parvenus, Pellisson ne tarda pas à
devenir un des habitués les plus brillants et les plus recherchés
des salons de Paris. Là encore, c'est le culte du langage qui
le préoccupe et qui le fait estimer : c'est la simplicité, la grâce
et la finesse dans la parole et dans les manières.

Trois principaux salons se partageaient alors la société de la
capitale : l'hôtel de la rue Saint-Thomas du Louvre, le Luxembourg, et les salons de la rue de Beauce ou *du Marais*, —
tenus et présidés par madame de Rambouillet, mademoiselle
de Montpensier et mademoiselle de Scudéry. Tandis que l'un
brille à la fois de l'éclat des bonnes manières et des questions
politiques, le second constitue une académie de gentilshommes,
et le troisième une société bourgeoise, mais ces deux derniers
exclusivement littéraires. Dans le premier brillaient Godeau,
le jeune Bossuet, sans oublier le grand Condé, qui y pleurait
aux vers du grand Corneille. Dans la société de la grande
Mademoiselle, se groupaient les duchesses de Longueville, de
la Trémouille, de Châtillon et de Schomberg, mesdames de
Sévigné, de la Fayette, de Hautefort, de Montbazon. Enfin, dans

les salons de la muse du Marais on voyait Chapelain, Conrart,
Isarn, compatriote de Pellisson, avec mesdames d'Aligre, de
Sablé, de la Suze et plusieurs autres. Voiture dans le premier,
la Rochefoucauld dans le second, Sarrazin dans le troisième,
mettent en train la société. Balzac, Segrais et Pellisson sont les
chroniqueurs et les secrétaires de ces académies de salon. De
ces passe-temps devait sortir toute une littérature. Il faut le
dire cependant, tandis que la société du Luxembourg, régulièrement organisée, avait ses historiens, ses narrateurs et ses
poëtes ; tandis que régnait, chez la marquise de Rambouillet,
sous la direction de Vaugelas, l'art de dire simplement les plus
grandes choses, le salon du Marais entendait trop souvent dire
les plus petites choses avec prétention. Cette diversité de style
dut contribuer à amener la fixation de la langue ; et les *samedis*
même de mademoiselle de Scudéry, quoique en altérant parfois
le goût des lettres par une regrettable tendance d'affectation,
ne contribuèrent pas peu à l'entretenir et à le répandre. La
muse du Marais, accueillie à l'hôtel de Rambouillet, était parfois imitée au Luxembourg. Madame de Sablé allait à la fois au
Luxembourg et au Marais, en même temps qu'elle entretenait
de fréquentes relations avec madame de Longueville, une des
habituées de la rue Saint-Thomas du Louvre. Ainsi l'unité se
faisait, et Pellisson ne demeurait ni inactif ni indifférent ; son
impulsion et ses efforts ne contribuèrent pas peu à cette fusion
littéraire qui devait dépouiller la langue de tout alliage impur
ou hétérogène. Il voulait consommer l'unité, du consentement
de tous, au moyen de ces compagnies littéraires. — Dans ces
tournois de salon, Pellisson s'égare bien un instant dans les
« petits chemins tout parsemés de roses » de la *Préciosité ;* il
sacrifie au bel esprit du temps : il rime de la prose sur la perte
d'un saphir, s'entretient avec la fauvette de Sapho ou chante
la mort de sa colombe. Enfin, il est chevalier, moins l'armure.

Sonnets, rondeaux, énigmes, madrigaux, contes en vers, allé-
gories, l'Apollon du samedi essaie de tout, même de l'épître,
de l'idylle, de l'ode et de l'épopée. Mais il faut bien distinguer
en Pellisson le poëte du causeur : le premier peut être impuné-
ment sacrifié au second. Cette poésie, née de la mode, ne
forme pas une étape dans la vie de notre écrivain : il est poëte
à son heure et par circonstance ; il n'a pas le courage de s'affranchir de la mode, tout en *enrageant de la sotte mesure des
vers*. L'amitié seule put inspirer un moment son talent poétique,
et c'est de la Bastille que sortiront les meilleurs vers de Pellisson : le même sentiment qui lui dicta ses magnifiques *Défenses*
en prose, lui fera écrire cette belle élégie où, plus hardi
qu'Ovide, quoique plus retenu que la Fontaine, il expose
allégoriquement au roi toute sa douleur d'ami et de captif.

La conversation, ce fut là un des plus brillants talents de
Pellisson. Et qu'on ne s'imagine pas que le goût du temps
pour le bel esprit ne supportait que des conversations frivoles
ou légères, non ; des sujets de morale ou de littérature faisaient, à Rambouillet et au Marais, le fonds de la plupart des
conversations, ou plutôt, des causeries. Pellisson fut le causeur
par excellence, et un causeur supérieur par la justesse de ses
appréciations, sa liberté d'esprit, la finesse et l'agrément de
ses tours. « On trouvait chez lui la même souplesse dans ses
« actions que dans son langage : il s'amusait aux petites choses
« comme s'il n'en savait point faire de grandes, et s'accommo-
« dait avec les gens d'un esprit médiocre..... Nonobstant ses
« succès de société, son amour pour l'étude était tel, que la
« conversation des morts le consolait aisément de la perte de
« celle des vivants...... Il avait, en causant comme en écri-
« vant, l'art suprême de mettre ce je ne sais quoi qui plaît
« aux choses les moins capables de plaire.... » — La qualité
de causeur habile et séduisant fut, chez Pellisson, le point do-

minant ; et la théorie de cet art lui inspira même des aperçus
à la manière de la Bruyère, qui, du reste, le signalait comme
« un des modèles de la politesse et du savoir (10). »

Pellisson a été calomnié, qui en doute aujourd'hui? D'un
côté, tout en reconnaissant son élégance et sa pureté de diction, on a voulu voir dans son amitié pour Sapho la preuve
*qu'il n'était pas un Attique véritable et qu'il ignora toujours
les vraies grâces* (11).... Et d'abord, l'auteur du *Grand Cyrus*
a-t-elle jamais ambitionné et mérité les titres de *bel esprit* et
de *précieuse* dans le sens ridicule qu'on a attaché à ces expressions? Nous n'hésitons pas à repousser les faux jugements
qu'on a émis à ce sujet après Boileau ; et, récemment encore,
un esprit élevé de notre époque, qui connaît mieux que nul
autre le dix-septième siècle, l'a justement réhabilitée aux yeux
des esprits jaloux ou obscurcis par d'odieuses préventions (12).
Loin de trouver dans la société du Marais un motif de rabaisser le goût littéraire de Pellisson, nous y voyons plutôt la
preuve que le commerce de cet homme d'esprit et de talent
éleva Sapho bien au-dessus de l'opinion que le satirique réussit
à faire prévaloir. Se serait-elle prononcée avec tant de force et
de verve contre les *précieuses* et les *femmes savantes*, en se
peignant elle-même, si elle n'eût pas su éviter cet écueil?.....
Pellisson ne fut pas un Attique, lui dont les efforts ne tendirent
qu'à fixer la langue dans toute sa pureté ! Il n'eut pas les vraies
grâces, lui, le roi des salons, et qu'on appela l'Apollon du
samedi !... Libre à ces critiques de l'appeler « le plus laid des
« beaux esprits ; » libre à Boileau de flétrir l'ami de la Fontaine et de Fouquet dans un vers qu'une pudeur littéraire
obligea le poëte à changer (13) : il n'en demeurera pas moins
constant que Pellisson « n'avait pour plaire qu'à parler, » et
que son esprit lui servait, non pas à en montrer, mais à en
donner aux autres.

Après avoir été l'âme de l'académie de Castres, le chroniqueur et le secrétaire de l'académie du Marais, Pellisson va se
constituer l'historien de l'Académie française, l'avocat jaloux
des prérogatives et de la haute mission de cette compagnie,
gardienne du goût littéraire et dépositaire des saines traditions
du langage.

Dans les divers salons de Paris, le bel esprit régnait plus ou
moins; où chacun cherche à briller, le bel esprit trouve nécessairement sa place. Or le bel esprit est la pire espèce du
moi. Au contraire, le moyen de faire disparaître le bel esprit
et le mauvais goût, c'est de substituer à la raison de l'individu
une sorte de raison collective, et un goût général à toutes les
diversités du goût particulier. Deux institutions de ce genre
servirent puissamment à faire de cette sorte l'éducation du goût
national : *Port-Royal* et l'*Académie française*.

Aucune influence ne fut peut-être plus efficace que celle des
écrivains de Port-Royal. En effet, le moyen le plus sûr de corriger le purisme était d'appliquer l'esprit de choix (dont le
purisme n'est que l'exagération) à des ouvrages d'un fonds
assez attachant pour que le lecteur y fût plus occupé des choses
que des mots. C'est ce que fit Port-Royal par la publication de
quelques ouvrages de théologie, de grammaire et de logique,
qui rendirent aux lettres ce caractère pratique, sans lequel
tout ce soin de la langue eût dégénéré en un abus d'esprit.
Là, on substituait à l'esprit particulier un esprit collectif,
formé sur une règle et sur une discipline consenties. Le
moi disparaissait, puisque les œuvres n'y portaient même pas
la marque et le nom de l'ouvrier. Celui que Dieu avait choisi
pour une tâche particulière, quelque habileté qu'il eût pardessus tous les autres, ne s'y croyait néanmoins que l'instrument de tous; et l'inégalité des talents ne se faisait point
sentir là où la supériorité n'était que la plus grosse part de la

tâche commune. Voilà ce que voulut faire et ce que fit Port-Royal.

Peut-être est-il vrai de dire que le but de l'Académie française, pour avoir été plus durable, n'a pas été plus sûr et plus efficace. Mais ce qui est certain, c'est que cette institution introduisit la règle et le gouvernement dans la littérature, en même temps que l'ordre et l'administration s'introduisaient dans l'État. L'unité se faisait partout, et presque partout nous rencontrons Pellisson travaillant à cette unité.

Il restait, il est vrai, sur la limite de la vie mondaine et de la vie littéraire; car, tandis qu'il tenait à l'une par ses succès de salon et son office dans la chancellerie, il se rattachait à l'autre par ses productions fugitives, — et surtout par cette *Histoire de l'Académie*, qui, à peine composée, courut manuscrite dans le public, qu'elle initiait aux origines de cette aristocratie de la littérature.

C'est là qu'il nous raconte les commencements de l'illustre compagnie. Cet esprit académique et disciplinaire était né dans la petite chambre de Malherbe, où les conseils étaient sérieux et dictés par le goût, et les arrêts solennels (14). Mais la mort n'avait pas permis au poëte d'assister à la réalisation officielle de ce plan d'exécution; et il fut donné à Racan, son disciple, de faire revivre cet esprit et ces lois dans les réunions de Conrart. Là, ces hommes de lettres, nous dit Pellisson, se communiquaient leurs écrits, et s'en donnaient librement leur avis. Le cardinal de Richelieu, ayant vu dans cette société le germe d'une grande institution, l'invita à se constituer en académie et à préparer les statuts qui devaient régir ce corps littéraire. Telle fut cette institution, antérieure aux plus beaux monuments de notre littérature (15). Dans les autres pays, les académies, d'ailleurs formées plus tard (16), ont été des corps conservateurs d'une langue déjà formée, tandis que, seule,

l'Académie française fut un corps fondateur. Depuis lors, en
peut le dire avec un écrivain de notre époque, l'Académie
française a plus ordinairement reçu qu'imprimé l'impulsion
littéraire. Ce fut une institution providentielle, on ne saurait
en douter, surtout si l'on considère qu'on n'y voit percer aucun
esprit de domination sur la langue, mais, au contraire, une
résistance modeste de la petite société à devenir une Académie; enfin, qu'elle offrit le spectacle d'esprits très-divers, gâtés
par les louanges et subordonnant toutefois leur tour d'esprit
particulier à l'esprit de la compagnie. Dans ces décisions, elle
fut toujours jalouse de faire prévaloir le sentiment commun
sur le sentiment individuel, sans l'opprimer cependant.

Ce sont ces commencements modestes et providentiels que
nous raconte Pellisson, dans un livre auquel la jalousie littéraire de Voltaire reprochait un style languissant, mais que
Balzac saluait, à son apparition, comme un ouvrage « admira-
« blement bien écrit, » et que Fénelon admirait pour son érudition, sa simplicité et sa délicatesse. C'est une relation exacte
et sérieuse, en même temps que familière et agréable (17). Au
milieu de quelques défauts,—qui étaient ceux de son temps,—
il est facile de remarquer dans cette œuvre des qualités qui ap-
partiennent bien à Pellisson, et, parmi les plus précieuses, il faut
compter une sûreté de goût, une finesse de tact, une sobriété
de couleur et une simplicité de dessin, qui forment le caractère distinctif de son genre. A une époque où l'on déplorait
l'absence du goût, de l'à-propos, des proportions et surtout de
la simplicité dans les œuvres littéraires, le livre de Pellisson
devait être un événement. Jamais, en effet, dans l'histoire des
lettres, les grandes choses n'ont été faites avec tant de simplicité que la fondation de l'Académie, dont il nous retrace l'âge
d'or. Ne fallait-il pas la raconter avec la même simplicité? —
Comme il excelle à nous montrer, assis autour de la table

verte, en ce *réduit d'honneur* de la rue Saint-Martin, en attendant que Perrault leur prépare le Louvre, le fils du commer-
çant à côté du gentilhomme, le conteur et le poëte à côté du
magistrat et de l'érudit ! C'était là vraiment le règne de l'égalité
devant l'intelligence, dont Charlemagne avait déjà essayé d'appliquer le principe, consacré, dès les premières années du
quatorzième siècle, dans la capitale du Midi, sous les auspices
et l'impulsion de Clémence Isaure.

L'Académie française, encore à son berceau, fière de voir ses
premiers ans si dignement racontés, devait une distinction à son
historien ; elle lui fut donnée. Cette compagnie créa pour lui un
quarante et unième fauteuil, honneur particulier, nouveau
jusque-là, et qui n'a jamais été déféré depuis. Et cependant
l'adulation avait été bannie du livre de Pellisson, si bien que le
frère même de cette Sapho, dont il fréquentait et ornait les
salons, supporta difficilement de figurer sans éloges au milieu
des académiciens de ce temps. Aussi la jalousie ou l'orgueil
blessé peuvent-ils seuls expliquer les rares murmures qui se
firent entendre sur le fonds de cet ouvrage, irréprochable dans
la forme, et où Pellisson a le secret « de mettre, dans les
« moindres peintures, de la vie et de la grâce (18). »

Que dirons-nous des travaux académiques de Pellisson ? Par-
lerons-nous de ses efforts pour l'unité et le perfectionnement de
la langue ? Non ; car, bien que sa qualité d'académicien lui im-
posât tout spécialement la douce obligation de veiller à la fois
aux progrès et à la fixité du langage, ce fut là, nous ne saurions trop le redire, toute sa vie littéraire. Oui, cette langue
qui, dans le siècle précédent, n'avait été, pour ainsi dire,
qu'une capricieuse mosaïque formée des divers idiomes pro-
vinciaux, il fallait la relever et la fixer, et Pellisson, plus
qu'aucun autre, travailla avec succès à cette œuvre, commen-
cée par Coëffeteau, Balzac et Vaugelas, et poursuivie par

Patru. Sous la plume de ces écrivains, la langue avait acquis de la correction, du nombre et de l'élégance, mais leur manière était encore froide et emphatique, souvent même sèche et embarrassée. Il est vrai, c'est la lutte qui dénoue un idiome, et les *Provinciales* ne feront qu'achever l'œuvre de la *satire Ménippée*. Mais Pellisson, en donnant à la langue la souplesse et le naturel qui lui manquaient, contribua puissammeut à la délier, en attendant que Pascal vînt lui donner toute sa splendeur. La langue devint vraiment oratoire, et il y a certainement plus de chaleur dans les défenses pour Fouquet que dans les plus beaux plaidoyers de Patru.

Ici, remarquons-le, pour éviter toute méprise et prévenir toute contradiction apparente dans les termes, la fixité d'une langue ne s'oppose pas à son progrès. Le progrès, c'est la vie, et la condition de la vie, c'est l'unité. Or une langue est humainement parfaite, humainement fixée, lorsque une civilisation est amenée à ce plein et complet développement de forces, préservé dorénavant de ces crises violentes qui signalent le passage de l'enfance à la virilité, mais non pas de ces évolutions organiques dont les séries successives constituent la vie. La fixité n'est qu'une stabilité relative à un état intérieur d'ébranlement et de convulsions. La fixité d'une langue n'est donc pas sa pérennité dans le repos, mais une pondération de forces, et comme une puissance d'haleine dans le discernement du faux. En un mot, la beauté, la paix, l'unité et la vérité de la parole, comme la beauté, la paix, l'unité et la vérité de la vie, reposent sur ce religieux équilibre qui protége la chair contre les dédains de l'esprit, et surtout l'esprit contre les invasions de la chair.

C'est bien ainsi, croyons-nous, que Pellisson entendait cette conciliation victorieuse des deux principes de la fixité et du progrès; c'est ainsi qu'il comprit sa mission, et qu'il l'accomplit autant qu'il était en lui. Rien ne lui coûta pour élever ce monument à la gloire de son pays, en favorisant et encourageant tout ce qui pouvait apporter une pierre à l'édifice. Balzac avait fondé à l'Académie le prix d'Éloquence, remporté pour la première fois par la noble et dévouée protectrice de Pellisson ; celui-ci fonde, la même année, le prix de Poésie. — Rien ne lui paraissait minutieux de ce qui touchait à l'avancement de la langue, et, tout récemment encore, une précieuse découverte nous a révélé la part active qu'il prenait, dans le sein de l'Académie, à ces travaux par lesquels elle préparait la grande œuvre du *Dictionnaire*, publié un an après la mort de Pellisson (19). Dans ces *Sentiments de l'Académie touchant l'orthographe*, qu'il était important de fixer, chacun des membres écrivait son opinion sur chaque article; et, quand on n'y verrait pas les signatures célèbres de Mézeray, de Bossuet et de Régnier, il ne serait pas difficile de distinguer ce qui appartient au penseur profond et au grammairien érudit, pas plus que d'y reconnaître la manière spirituelle et la précision ingénieuse de Pellisson.

Mais notre écrivain se distinguait encore à l'Académie par un autre côté, plus pratique et plus brillant : les harangues. C'est là son élément, c'est là son triomphe. Le ton du compliment, il faut bien l'avouer, est son ton de prédilection, et, à part de rares circonstances, où il apparaît un peu trop solennel et compassé, on peut dire qu'il excelle en ce genre par la finesse de ses pensées autant que par la délicatesse de ses tournures, et que, quand il le veut, il sait dépouiller le style de cérémonie de toute affectation, de sorte qu'il a été justement considéré comme le représentant de la société polie au dix-septième siècle.

Le caractère de bel esprit, entendu dans un sens bien différent de celui qui paraissait une injure à mademoiselle de Scudéry elle-même, éclate encore dans les *Lettres* de Pellisson, qui sont à coup sûr des modèles d'agréable conversation et de spirituels compliments. En effet, soit qu'il s'adresse à ce savant magistrat, qu'il aimait à appeler Cicéron et qu'il retrouve au Marais après l'avoir connu à Toulouse, soit qu'il s'entretienne avec mademoiselle de Scudéry ou mademoiselle Legendre, avec Bossuet ou Leibnitz, Ménage ou l'abbesse de Malnoue, partout on est frappé de cette verve féconde et de cette pureté de langage, qui, alliées à la plus fine observation des convenances, fait de Pellisson un des plus célèbres *épistoliers* de son siècle. C'est surtout dans ses lettres que se montre à un éminent degré l'enjouement délicat de l'esprit; et si parfois la profondeur de la pensée fait défaut, il s'entend du moins *à pratiquer soigneusement la belle négligence de Cicéron et de Pline.*

Mais les événements entraînent Pellisson, et sa fortune suit les événements. Il ne se contente pas de combattre pour l'unité de la langue ; il est encore appelé à soutenir de son influence et de ses talents l'unité du pouvoir, et c'est là le second caractère de sa vie. Causeur de salon, poëte, académicien, il devait devenir secrétaire du roi, puis encore homme de finances. Avant tout, ne l'oublions pas, Pellisson voulait être bel esprit ; or, dans les mœurs du temps, l'à-propos dans la poésie, l'agrément de la conversation, le talent pratique dans les affaires, — ou, comme il le dit, le *génie pour le monde,* — telle était, d'après Pellisson lui-même, la triple fonction du bel esprit. Après avoir été goûté comme poëte, apprécié surtout comme causeur, notre écrivain, sans abdiquer la royauté des salons, veut se donner le couronnement des facultés du bel esprit, en devenant homme d'affaires.

Ce fut auprès de Sapho que surgit l'occasion d'un emploi au service de Fouquet (20). Pellisson ne voyait là qu'un avantage, celui de servir son roi. A une époque où le souvenir des discordes civiles était loin d'être effacé, de ces discordes qui, selon la parole d'un grand orateur (21), avaient vu les plus fidèles sujets entraînés malgré eux par le torrent des partis ou par le malheur des engagements et des conjonctures, lorsque l'esprit ténébreux du désordre confondait naguère le droit avec la passion, et que les astres les plus brillants avaient souffert presque tous quelque éclipse, c'est alors que Pellisson, déjà secrétaire du roi, consent à se mettre plus entièrement à la disposition du souverain, en devenant l'auxiliaire du surintendant. Il ne prévoyait pas que dans cette nouvelle position étaient en germe pour lui un malheur, une gloire et une fortune éclatante.

« M. Pellisson m'a fait l'honneur de se donner à moi, » avait dit le surintendant, dont il ne tarda pas à devenir le confident et l'ami. C'était, en effet, un de ces cœurs qui se donnent sans réserve. « Sans l'amitié, disait-il lui-même, je ne sais rien qui soit doux au monde. » On sait comment il demeura fidèle à cette amitié. — La poésie éloquente, le discours allégorique, publièrent tour à tour les *Remercîments du cœur* de Pellisson; car il n'était pas mort à la littérature, quoique plongé dans les affaires d'État. Il trouvait le temps de faire des vers pour la visite de la reine de Suède à l'Académie, en dressant des comptes pour Fouquet. C'est cette souplesse d'esprit qui faisait dire à mademoiselle de Scudéry qu'elle lui avait vu faire en un même jour des vers héroïques, des chansons, des harangues et des lettres d'affaires. — Plus que jamais il protégea les gens de lettres et fut le Fontanes de son temps, en faisant connaître à son maître les écrivains et leurs œuvres, et délivrant de spirituelles quittances en vers aux poëtes obligés d'acquitter par des poésies chaque quartier de la pension qu'ils tenaient de la munificence du surintendant. Il est beau de voir la Fontaine et Pellisson faire assaut d'esprit et de verve, et établir ainsi entre eux une sorte de comptabilité double, — l'une financière, l'autre poétique, — où nul ne s'appauvrissait (22).

Pellisson fut « le plus officieux des hommes ; et si la fortune avait fait pour lui ce qu'elle avait fait pour beaucoup d'autres, il n'y aurait point eu d'honnêtes gens misérables qui n'eussent été de sa connaissance ; » témoignage éloquent, donné par une voix amie, confirmé par tous les contemporains. La fortune n'avait pas donné de trésor à Pellisson ; mais elle le fit heureusement dispensateur de ceux d'un homme aussi libéral qu'opulent. Le dévouement de Pellisson pour ses amis fut la grande qualité de son cœur ; et, pour ne citer qu'un nom entre mille, le grand Corneille semble partager sa reconnaissance entre le maître et son secrétaire, dans une lettre célèbre où il parle à ce dernier « de sa généreuse amitié. » Aussi, un auteur a-t-il pu dire que les quatre années passées auprès de Fouquet firent goûter à Pellisson le plus doux plaisir d'une grande âme, le plaisir de pouvoir faire du bien (23).

On a voulu voir dans sa persistance à demeurer auprès du surintendant, alors qu'on pouvait prévoir sa chute, une preuve de ses connivences et de sa complicité dans les malversations financières de ce ministre, qu'il nous montre « d'un génie élevé, fertile en ressources, plein de vigueur et tempéré de beaucoup d'humanité... » Mais il ne put y avoir de sa part qu'une généreuse imprudence, inspirée par un dévouement qu'on ne pouvait assez admirer, puisqu'il était devenu le dépositaire de secrets importants et capables d'imprimer la flétrissure sur de nobles têtes. Oui, la meilleure défense de Pellisson est son honnêteté; et ce grand caractère ne nous apparaîtrait plus ceint d'une auréole d'honneur et de délicate sensibilité, s'il eût sacrifié les devoirs de la reconnaissance à une basse adulation.

L'amitié de Pellisson n'avait pas cessé d'adresser des avertissements à son maître, toujours aveuglé. Voyant ses conseils repoussés, il n'en continua pas moins à suivre la fortune du ministre jusqu'au précipice ouvert qu'il lui montrait, et à y marcher sans regarder derrière lui, « résolu à conjurer la ruine de ce ministre par la sienne propre. » Aussi, Louis XIV ne se borna-t-il pas à l'arrestation du maître : le commis-confident suivit le même sort.

Un siècle s'était écoulé depuis qu'on avait vu amener à l'audience du parlement de Dijon un vieillard, qui, accusé d'avoir falsifié des arrêts, se vit condamner à subir la double peine de l'amende et de la dégradation. C'était le premier président du parlement de Chambéry : il s'appelait Raymond Pellisson. Quatre ans après, au parlement de Paris, le procureur royal, autrefois son accusateur, demandait pardon à genoux à Raymond Pellisson, qui mourait réhabilité. — Aujourd'hui, c'est son arrière-petit-fils qui s'offre à nous, prêt à supporter avec la même grandeur d'âme une disgrâce non moins imméritée. Lui aussi, quatre ans après, sera relevé par l'estime de son roi, comme son aïeul l'avait été par la justice du parlement.

« Aimer un malheureux, ce fut là tout son crime (24). »

Captif à la Bastille, il demeure fidèle à la plus généreuse des amitiés; et, lorsqu'il pourrait par une habile soumission, se concilier encore la tourbe des courtisans et ressaisir la faveur perdue, il ne songe qu'à élever la voix pour son bienfaiteur, au risque de déplaire à son roi... Quand, précipité des degrés du trône dans les noirs cachots de la Bastille, son bienfaiteur eut perdu, avec le pouvoir et les richesses, tout ce qui ne s'attache qu'à la richesse et au pouvoir, lui, indirectement compromis et entraîné par cette chute, il n'avait qu'un mot à dire pour reconquérir sa liberté ; il ne le dit pas... Quand enfin la foule des courtisans passe servilement dans le camp des ennemis de Fouquet, Pellisson lui présente un appui qui ne fléchira jamais ; et, pendant que les ennemis du surintendant grossissent une accusation perfidement ourdie, — alors que la défense semblait devoir être nulle, — à travers les gardes de la Bastille, des plaidoyers sublimes se font jour et vont exciter l'admiration du monarque lui-même.

D'abord retenu comme témoin à charge et soumis à une détention douce, comme prisonnier de la Chambre de justice, il ne tarda pas à voir cette détention devenir plus rigoureuse, lorsqu'il fut constitué le prisonnier du roi. — C'est alors que, privé de ses livres et de sa plume, éloigné de ses amis, lui qui fut toujours si *amoureux de l'amitié*, il fut assez heureux pour trouver dans son noir cachot un être vivant, dont les prévenantes caresses charmèrent sa captivité, jusqu'à ce que l'acte barbare d'un geôlier impitoyable eût arraché au malheureux prisonnier cette douce satisfaction. Araignée de la Bastille ! ton souvenir ne périra qu'avec celui de l'homme dont le cœur sensible sut trouver sa consolation dans ta familiarité, et dans ta reconnaissance muette l'oubli et le soulagement de son infortune (25).

Nous touchons au plus beau titre de gloire de Pellisson. Qu'elle fut généreuse et désintéressée, l'amitié qui inspira ces discours, adressés au roi, aux juges de Fouquet, à la France entière ! et, en recherchant la sublime beauté de ses défenses, dont Voltaire a tant admiré la cadence cicéronienne, ne doit-on pas reconnaître qu'elles puisèrent le fond de leur pensée aux sources vives et pures du sentiment, d'où procède la véritable éloquence (26)?... La Harpe le proclamait hautement lorsqu'il disait : « Ce que l'éloquence judiciaire a produit de plus beau dans le dix-septième siècle, n'appartient pas proprement au barreau, ne fut pas l'ouvrage d'un légiste, ni même un mémoire juridique : ce fut le travail de l'amitié courageuse défendant un infortuné qui avait été puissant ; ce fut le fruit d'un vrai talent oratoire animé par le zèle et le danger, et signalé dans une occasion éclatante... » Après cet imposant témoignage, croira-t-on qu'on ait osé de nos jours trouver en Pellisson un défenseur maladroit, pour ne pas dire un accusateur de Fouquet (27)? Peut-être pourrait-on lui reprocher de ne point se défier assez de son cœur et de trop compter sur celui du public. Peut-être même prouve-t-il bien plus la générosité de son âme que l'innocence de son ami ; et c'est là justement ce qui fait que ces défenses, dans lesquelles Pellisson n'épargne aucune des ressources de son talent, sont restées et resteront comme des modèles, moins sans doute à cause de l'habileté, qu'à cause de cette hardiesse qui y est déployée par une âme libre au milieu des fers en faveur d'un ami malheureux.

Mais, nous dit-on, justifier un accusé par des raisons insuffisantes, et puis demander grâce, n'est-ce pas au moins une double inconséquence? — Eh quoi! ignore-t-on ou feint-on d'avoir oublié le plan de l'illustre défenseur? Ne se montre-t-il pas habile et logique tout à la fois, en commençant par soustraire l'accusé à un tribunal incompétent, pour le rendre au roi, son juge légitime ; puis en plaidant la cause devant le roi au nom de la justice, se réservant enfin, s'il la perd, un recours en grâce au nom de la clémence?... L'avocat ne s'abaisse jamais cependant : une tristesse digne, ou, si l'on veut, une fierté humble et contenue, c'est ce qui domine. Les deux voix

du défenseur et de l'accusé semblent se confondre dans un touchant accord; et ce qui est plus glorieux pour Pellisson, c'est
que l'accusé semble parler par la bouche de son défenseur
toutes les fois qu'il y a lieu de rappeler quelque service ou quelque souvenir honorable; tandis que le généreux avocat reprend
la parole quand il faut discuter ou supplier (28). Du reste, on
voit à la fois dans ces mémoires l'orateur, le financier, le dia-
lecticien et le jurisconsulte : non pas qu'on ne doive leur reconnaître aucun défaut, — comme parfois l'abus des figures, un
ton légèrement déclamatoire, quelques longueurs ou construc-
tions embarrassées; — mais les beautés y prédominent, et tout
va au but. Lors même que l'argument manque de fonds, l'é-
loquence cherche à en couvrir la faiblesse; et d'ailleurs, la
finesse et la grâce semblent aussi puissantes. Quoi qu'il en soit,
ce qui ne fait jamais défaut à l'orateur, c'est un irrésistible ac-
cent de persuasion, et une hardiesse qui, en lui faisant braver
le ressentiment d'un monarque inflexible, l'exposaient à rendre
sa prison plus étroite pour faire élargir celle d'un ami. Une
chose, dans cette lutte, excite encore l'admiration : c'est d'entendre le maître defendre et justifier toujours le commis en se
défendant lui-même, pendant que celui-ci se faisait l'éloquent
avocat de son maître...

Ce qu'on ne peut s'empêcher de remarquer ici, c'est que la
nature même du caractère et du cœur de Pellisson lui inspira
plus de reconnaissance à l'égard de ses anciens bienfaiteurs,
que ne lui en témoignèrent jamais à lui-même ceux qui lui
avaient de bien plus grandes obligations; et que, toujours disposé à se rendre utile, il n'hésita pas à employer ou à procurer
des protections, alors qu'elles lui eussent été nécessaires à lui-
même (29).

Parmi les éléments qui constituent la vie de Pellisson, la fidélité à l'amitié et à son roi lui ont surtout assuré l'immortalité.

Or, ces deux éléments, nous les trouvons réunis et confondus,
alors qu'ils semblent le plus irréconciliables ; et vraiment, on
ne sait ce qu'il faut admirer le plus dans Pellisson, ou de son
inaltérable amitié pour Fouquet, qui l'exposait au courroux de
son roi, ou de son dévouement à Louis XIV, attestant que,
dans les conjonctures les plus critiques et les plus douloureuses
pour son cœur, l'unité du pouvoir fut toujours aimée et respec-
tée par celui qui voulait demeurer ami fidèle et sujet dévoué.
— Voyez-le à la Bastille, où, avec la satisfaction d'un devoir
accompli, il apparaît plus libre et plus grand que ses accusa-
teurs : alors que Colbert, acharné contre lui, est tendrement
sollicité par sa mère éplorée, impatiente de visiter son fils ma-
lade, voyez-le protester, dans un placet fameux, qu'il n'a jamais
cessé d'être le sujet fidèle de son roi, et cela, sans amertume,
mais, au contraire, dans un ton empreint d'une gaieté souriante
et nullement aigri par la souffrance. — Voyez-le au sortir de
la Bastille : quel est le premier usage qu'il fait de sa liberté?
Il est présenté, d'abord, à l'historien du procès de l'ami
malheureux dont il avait écrit la défense (30) ; et peu de jours
après, à Louis lui-même, qui avait retenu quatre ans en prison
cet éloquent défenseur de l'infortuné surintendant (31). Pour
tout dire enfin, la dignité et le désintéressement de Pellisson
apparaissent partout où tout autre se serait laissé aller à l'adulation. C'est que, pour lui, l'amitié avait son principe dans la
nature du cœur humain, et que, loin de chercher à se mesurer
sur un calcul égoïste ou sur les avantages qu'elle peut rappor-
ter, elle ne tendait qu'à satisfaire un des besoins les plus éle-
vés de l'âme. Le lecteur assidu de Cicéron devait goûter surtout
le célèbre dialogue sur l'Amitié ; mais nous pouvons dire que
cet écrit n'était encore qu'un faible écho des sentiments du
cœur de Pellisson, qui trouvait tout le bénéfice de l'amitié dans
l'amitié elle-même.

> Tel fut ce Pellisson, dont la constante foi
> Brava, pour un ami, le courroux d'un grand roi.

Les liens du prisonnier s'étant relâchés insensiblement lorsque
la justice du roi eut été satisfaite par la condamnation du ministre, l'air et les livres lui avaient été rendus ; puis, les amis,
enfin la liberté. Les salons se disputèrent plus que jamais celui
qu'une infortune noblement supportée rendait plus cher et
plus digne d'estime. Sans parler des *Samedis* du Marais, où il
courut reprendre sa place d'honneur, tantôt sous le nom
d'*Acante*, tantôt sous les noms de *Phaon* ou d'*Herminius*, il
faisait aussi les délices de la société de l'abbé d'Aubignac, où il
trouvait Perrault, Tallemant et Fléchier. Non moins assidus
aux *Mercredis* de Ménage, il siégeait enfin aux *Lundis* du président de Lamoignon, « le plus savant homme de robe longue
qu'il y eût en France, » chez lequel il rencontrait Guy-Patin,
le père Rapin et plusieurs autres savants.

Dans ce siècle de grandeur, Louis XIV ne devait pas le cé-
der en noblesse et en dignité à son ancien secrétaire, devenu
son adversaire, — ou plutôt sa victime, — au nom de l'amitié
malheureuse et persécutée. Après sa sortie de la Bastille, d'où
il s'était efforcé de faire retentir la voix de la justice et de la
pitié en faveur du ministre qui l'avait autrefois attaché à sa
personne, le roi résolut de se l'attacher désormais. Ici encore,
nous nous trouvons en présence d'une situation qui confond
tous nos calculs : qu'applaudirons-nous avec un plus grand
enthousiasme, le monarque qui appelle auprès de lui l'ancien
commis de son surintendant infidèle, impliqué avec lui dans
la même disgrâce, — ou bien, ce même commis, acceptant,
sans croire s'abaisser, de nouvelles et plus éclatantes faveurs
du monarque dont il n'avait pas craint d'encourir les rigueurs

en devenant l'auxiliaire du surintendant ?... On ne sait trop ;
mais, s'il fallait rendre un arrêt, peut-être l'histoire décerne-
rait-elle une couronne plus brillante à Pellisson qu'au roi lui-
même.

Désormais se développe avec plus d'éclat la fidélité de Pellisson à son roi, en même temps que son talent comme homme
public. Cette qualité, qu'il plaçait au nombre des qualités
du bel esprit, constitue son second titre de gloire aux yeux de
la postérité.

Attaché à la suite du roi il commence ces tableaux et ces
descriptions d'une vivacité et d'une couleur telles, qu'aucune
histoire officielle ne les avait encore présentés avant lui. Aujourd'hui, un historiographe, un peintre d'histoire, sont en-
voyés sur le théâtre d'une bataille après la fin de la guerre.
Pellisson, lui, écrit ce qu'il voit, à mesure qu'il le voit, et la
simplicité des détails racontés par l'historien atteste sa sincérité. — S'il écrit l'*Histoire de la conquête de la Franche-Comté*,
il chante la gloire du roi sans flatterie, sans servilité, sans faiblesse ; et si Boileau eût fait un retour sur les éloges ampou-
lés qu'il prodigue au monarque dans ses Épîtres, il n'eût
assurément pas osé critiquer, dans celui qu'il devait supplanter
comme historiographe du roi, un défaut dont il fut si loin
d'être exempt lui-même. Si donc le courtisan se fait voir parfois à travers l'historien, considérons combien il lui eût été
difficile de s'affranchir de ce qui constituait le caractère propre
de presque toutes les œuvres littéraires du grand siècle....
Historiographe du roi, Pellisson n'oublie rien, aucun détail ne
lui échappe ; toujours éclate en lui le talent de donner de
l'intérêt aux plus petites choses et de les raconter avec cette
souplesse et cet enjouement dont il possède le secret.

Ses *Lettres historiques* ne doivent pas être oubliées : quelle
source plus riche et plus authentique, que ce journal épisto-

laire, écrit avec une verve spirituelle des plus piquantes, qui
n'exclut ni l'exactitude des faits, ni la production de documents
précieux, ni l'appréciation des événements ! Ses entretiens avec
Vauban et Louvois nous initient à tous les plans, à toutes les
résolutions. L'historiographe était partout où était le roi ; aussi
les faits de la vie ordinaire y sont-ils retracés comme les faits
plus importants de l'administration ou de la guerre (32). On
retrouve encore là le bel esprit, l'ancien rédacteur de la *Chro-
nique du Samedi*, le narrateur, quelquefois un peu monotone,
de faits et de scènes qui se ressemblent à certains égards. Mais
quelle verve, quel naturel ! et, en même temps, quel art admirable et quel coloris !

Nul autre ne vit la vérité de plus près que Pellisson, puisqu'il
la vit écrite sous la dictée même du grand roi. Bien souvent,
en effet, on a cru reconnaître son style dans ces *Mémoires*
célèbres que le monarque écrivit pour l'instruction du Dauphin. Vraiment, nous devons en faire l'aveu, il paraît assez difficile de contester que Pellisson ait eu l'honneur de compléter
et de rédiger même une partie de ces Mémoires. C'est ici surtout que nous voyons le dévouement à l'autorité et l'unité du
pouvoir se personnifier en Pellisson, puisque sa pensée s'assi-
mile celle du roi et se confond avec elle.

Aussi, lorsque, dépouillé de son titre d'historiographe, et
aidé de ces Mémoires royaux, il entreprend d'écrire l'*Histoire
de Louis XIV*, il personnifie la France, ses institutions, son
commerce et ses arts dans le grand souverain. « Au dix-
septième siècle, a-t-on dit, l'idéal, c'était la Royauté. Elle était
dans toutes les imaginations et dans toutes les pensées. Pourquoi ? Parce que la royauté seule pouvait donner à la France
ce qui lui manquait, l'ordre, l'unité..... (33). » La France,
c'était Louis XIV, et la gloire de Louis était la gloire de la
France. Voilà bien l'unité du pouvoir défendue et rehaussée

par l'homme qui avait plus naturellement mission pour l'accomplissement de cette œuvre. Si nous considérons le narrateur, nous voyons que ses souvenirs, ses entretiens, tout lui sert ; d'où il semble résulter que, loin de faire suspecter l'impartialité de l'historien, tout doit concourir à nous faire accepter son exactitude et sa véracité, de sorte que si parfois il semble exagérer la gloire ou grossir les mérites de son héros, il ne fait que traduire fidèlement sa pensée. — Cet air de persuasion, garantie si puissante pour le lecteur, n'est pas, du reste, la seule qualité de ce monument historique dont Pellisson fut l'architecte : indépendamment de la solidité de l'œuvre, on n'est pas moins frappé par l'élégante simplicité de la forme et le poli de ses ornements.

Après cela, qui était plus digne que Pellisson de devenir le panégyriste du grand roi dont il avait écrit les pensées et les impressions ? Pour accomplir cette tâche, l'éclat de sa plume habile et le dévouement de son cœur étaient à l'unisson. L'histoire de Louis le Grand tenait du genre oratoire : son panégyrique est un éloge historique. C'est ce qui faisait que l'éloquence de Pellisson était enviée par Voltaire, entreprenant, un siècle plus tard, le panégyrique du successeur de Louis XIV. Mais rien n'égale la générosité de ce sujet, qui, sorti de la Bastille depuis cinq ans à peine, prononce l'éloge de ce même roi qui, après l'avoir tenu prisonnier, devait lui donner Racine et Boileau pour successeurs auprès de sa personne. « C'est une chose qu'on ne voit que dans les monarchies, » a dit Voltaire.

Pellisson, restaurateur de notre langue et soutien héroïque de l'autorité royale, présente encore un autre titre à notre admiration et à nos respects le dévouement religieux pour la propagation de la foi catholique ; car il représente à nos yeux l'unité de la foi, qu'il ne pouvait se dispenser de reconnaître et de proclamer, après avoir proclamé l'unité de la langue et reconnu l'éclatante nécessité de l'unité du pouvoir.

Né dans le sein de l'hérésie, Pellisson ne pouvait rendre un plus éclatant hommage à l'unité de la foi qu'en rentrant dans la communion de l'Église catholique, c'est-à-dire en revenant à la religion de ses ancêtres, et notamment de ce président du parlement de Chambéry, que nous avons vu réhabilité après avoir été injustement condamné.

C'est dans la Bastille que la lumière se fit à cet esprit obscurci par des préjugés religieux : c'est là qu'il reconnut le principe de l'unité de la foi, et qu'il se déclara le défenseur de ce principe, comme il s'était fait précédemment l'ardent soutien de l'unité de la langue et de l'unité du pouvoir.

Cet esprit, dont le caractère dominant était un fonds de bonne foi et de sincérité, avait dû ressentir des inquiétudes, éprouver des doutes sur la vérité de sa croyance religieuse; et le long séjour à la Bastille, avec son silence et son isolement, était de nature à suggérer au prisonnier des réflexions sérieuses et efficaces sur un si grave sujet, en y ramenant sans cesse sa pensée. La Providence lui ménagea l'occasion de lire les livres saints, les Pères grecs, les conciles, et divers ouvrages de controverse religieuse. Ces lectures déroulèrent un nouvel horizon devant lui : tous les jours des pans de murailles de cette Jéricho mal défendue s'écroulaient au son de ces trompettes de la suprême vérité, et bientôt l'édifice de sa croyance chancela tout entier à la comparaison des preuves catholiques et des objections protestantes.

« Heureuse captivité, dirons-nous avec Fénelon, liens salu-
« taires, qui réduisirent enfin sous le joug de la foi cet esprit

« trop indépendant! Il chercha, pendant ce loisir, dans les
« sources de la tradition, de quoi combattre la vérité; mais la
« vérité le vainquit, et se montra à lui avec tous ses char-
« mes... » Ainsi, « converti par la retraite, par l'étude et par
le travail, — quand, dans sa solitude, il s'était bien rempli de
toutes les impossibilités des écrivains protestants, il n'avait,
raconte-t-il lui-même, qu'à jeter un seul regard vers le ciel, et
tout était effacé : il trouvait Dieu si grand, il se trouvait si pe-
tit, qu'il s'étonnait même d'avoir jamais pu former des doutes
semblables (34). » Vingt ans plus tard, Pellisson, auditeur assidu de Bossuet, s'inspira de ses leçons pour défendre l'orthodoxie, et exercer un apostolat d'ardent catholique et de zélé
missionnaire.

Près de trente ans s'écoulèrent encore depuis sa conversion
jusqu'à sa mort. A ne considérer que les circonstances de ce
retour au catholicisme, qui consentirait à écouter ces odieuses
accusations, présentant la dernière période de la vie de Pellisson comme une longue hypocrisie?... Quand la loyauté de toute
sa vie ne protesterait pas énergiquement contre une si noire
calomnie, peut-on admettre aussi légèrement que l'illustre captif voulût ainsi satisfaire le roi, qui aurait, dit-on, témoigné le
désir de trouver dans une abjuration du prisonnier un motif
public à son pardon et à ses bienfaits? S'il en est ainsi, comment se fait-il donc que Pellisson ait recouvré sa liberté avant
d'avoir solennellement abjuré l'hérésie? Comment se fait-il surtout que quatre ans s'écoulent avant cette profession publique
de sa foi? — Qui ne voit, au contraire, que cette conduite,
loin de s'expliquer par une condescendance aux désirs du roi,
prouve hautement la sincérité et le désintéressement du généreux motif qui lui faisait retarder son abjuration? L'histoire
atteste, en effet, que Pellisson, déjà retenu à la cour et honoré
d'une pension du souverain, ne voulut faire son abjuration

que lorsque Bossuet eut été nommé précepteur du Dauphin,
afin qu'un vil motif d'ambition ne pût devenir, aux yeux du
monde, le titre à une aussi haute distinction, à laquelle il paraît bien qu'il aurait été appelé immédiatement après sa rétractation (35). Il voulut en faire un acte d'entier désintéressement et de sérieuse liberté. Aussi, dirons-nous avec un auteur
que ce fut un double honneur pour Pellisson d'avoir été jugé
digne d'un poste où Bossuet fut appelé, et de s'être enlevé les
chances d'y parvenir par le retard apporté volontairement à
son abjuration. A ceux qui prêteraient l'oreille aux amères et
malveillantes insinuations de Voltaire, on ne peut qu'opposer le
témoignage de Leibnitz. Ce grand philosophe protestant, com-
battu par Pellisson, écrivait, peu après la mort de ce dernier,
au grand évêque : « Si j'ai cru que M. Pellisson se trompait
« sur certains points de religion, je ne l'ai jamais cru un hy-
« pocrite (36)... »

Si donc les ténèbres religieuses qui enveloppaient Pellisson
durent se dissiper à la douce et bienfaisante lumière du flam-
beau de la foi, une volonté éclairée et une conviction raisonnée
produisirent seules cet heureux résultat. Voyez : les études et
les méditations faites dans la solitude du cachot s'épanouissent
et se développent au contact de l'air de la liberté. Bientôt, il
prend publiquement à parti un des champions de la Réforme,
et réussit à le réduire au silence ou à lui arracher des aveux
touchant la présence réelle, CE DOGME GÉNÉRATEUR DE LA PIÉTÉ CA-
THOLIQUE (57). Peu après, enfin, un livre du savant Arnauld, revêtu
de la plus haute approbation théologique de ce temps, achève
de l'ébranler, en même temps qu'il renversait les dernières
limites qui rattachaient Turenne à la secte hérétique. Sept ans
de prières et d'études avaient éclairé et convaincu sa raison, et
son abjuration ne fit pas moins de bruit que celle du maréchal
de Duras. Désormais catholique, bientôt sous-diacre et plus tard

abbé, Pellisson n'a que deux objets devant les yeux : l'avancement de la religion et la gloire du souverain. Il n'écrira plus
désormais que pour Dieu et le roi, et son *Histoire de Louis XIV*,
composée vers ce temps, brille de ces doubles sympathies religieuses et monarchiques, ainsi que l'*Histoire de la conquête
de la Franche-Comté*. L'homme religieux s'y voit jusque dans
les camps, et sa foi est telle que la reddition de Cambrai n'occupe que le second plan, tandis que l'historiographe nous fait
assister avec détails aux cérémonies religieuses du camp et aux
dévotions du roi, comme il prend plaisir à nous montrer, dans
ses *Lettres historiques*, le monarque visitant et touchant les
malades ou les blessés, à l'exemple du divin Sauveur. D'autres
fois il trace incidemment un tableau du protestantisme, et des
moyens de diminuer le nombre des protestants. Enfin, il est
désormais véritablement consacré à son Dieu et à son roi; et
nous pouvons même dire que la faveur dont il jouit auprès du
souverain le rapprocha toujours plus près de son Dieu...

Depuis le jour de son abjuration, les paroles, les actes
et les écrits de Pellisson, tout annonce l'homme religieux.
— Économe royal de Cluny et de Saint-Germain des Prés,
abbé de Bénévent, prieur de Saint-Orens, puis abbé de Gi-
mont, l'abbé Pellisson publie des mandements contre les
blasphémateurs, pendant que le monarque lance contre eux
des ordonnances. Il se pose, non-seulement comme l'économe
et l'administrateur des abbayes dont il a le gouvernement, mais
comme le défenseur attitré de leurs droits méconnus ou contes-
tés, non moins sacrés pour lui que ne l'avait été la cause du
surintendant; et, au milieu du tumulte de la guerre, il ne
donne pas à la rédaction de ces *Mémoires* ou *Requêtes*, — où il
se montre parfois le précurseur de Beaumarchais, — moins de
sollicitude qu'il n'en avait apporté aux *Défenses* et *Mémoires*
pour Fouquet, dans le silence de la Bastille.

Bientôt, de converti il devient convertisseur; et, honoré de la haute amitié de Bossuet, il travaille avec ce grand défenseur de la foi catholique à la conversion des réformés. Désormais, il se sentira moins dépaysé dans ses promenades de Versailles avec Fénelon et Fleury qu'il ne l'était jadis avec l'abbé d'Aubignac et Fléchier.

Administrateur et régisseur de la *Caisse des conversions*, créée par le roi pour favoriser le retour des hérétiques à l'Église, — avant la mise en œuvre, par Louis XIV, du système de contrainte à l'égard des protestants, protégés encore par l'édit de Nantes, — Pellisson exerce avec un zèle admirable cette sorte de ministère de la propagation de la foi catholique. Il n'est plus néophyte; il n'est pas seulement abbé, il est apôtre; il favorise les missions catholiques, recommande les convertis au grand roi, assure leur subsistance par tous les moyens autorisés; enfin, nous aurons donné une idée du zèle religieux déployé par Pellisson, quand nous aurons dit que le nombre des convertis qui, en trois ans, s'était d'abord élevé à dix mille, montait, deux ans après, jusqu'à plus de cinquante mille (38). Au milieu de cette croisade, il ne se sentit jamais atteint ni ému par les railleries ou les fureurs des protestants, qui, du reste, lui faisaient le plus grand honneur, puisqu'elles ne tombèrent jamais que sur l'activité de son zèle pour l'avancement de la religion; et Bayle lui-même l'honorait en lui donnant le titre glorieux de *trésorier général de la Propagation de la foi.*

Est-ce tout? Non, sans doute : l'homme religieux serait bien imparfaitement connu dans Pellisson, si on ne considérait en outre l'écrivain catholique (39). Au lieu de prendre les armes avec Louis et ses dragons, il saisit la plume du controversiste, qui pacifie, éclaire et ramène ; et, préférant la persuasion à la force, il cherche à réunir les communions séparées, en écrivant des livres qui, de l'aveu de ses anciens coreligionnaires eux-mêmes, « ne respirent que la douceur et la charité (40). » Relever et raffermir la tradition catholique, renverser la doctrine du libre examen, source bourbeuse et pivot chancelant de l'erreur protestante, établir spécialement les dogmes si violemment attaqués de la confession et de l'eucharistie, tel était le plan du controversiste. De ces diverses parties de sa tâche, aucune ne fut achevée, certaines même furent à peine ébauchées. Toutefois, il en fit assez pour attester l'unanimité du consentement catholique et l'opposer aux divisions et aux variations protestantes, résultant de la doctrine changeante de l'examen, dénuée de cette base de l'infaillibilité, d'où seulement peut résulter une certitude de loi. — Ici encore, la netteté du style ne le cède qu'à la clarté de l'argumentation, comme l'érudition qui y éclate n'est égalée que par la piété et la charité qui y respirent.

Des divers adversaires qu'il eut à combattre, tous rendirent hommage à la modération de son caractère et aux qualités élevées de son esprit. Tels étaient Bayle, qui admirait le tour délicat des écrits de Pellisson, et Jurieu, que Bossuet réussit du moins à confondre. Quant à Leibnitz, contre lequel il soutint avec la même dignité sa dernière et sa plus glorieuse lutte, en combattant le système de la tolérance générale, il apprécia toujours la haute portée de son talent, et l'estime continua entre eux ce que le hasard avait commencé. La gloire que le défenseur catholique retira de cette dernière lutte fut d'avoir Bossuet pour allié et d'être consulté par ce grand évêque.

Tels étaient les combats entrepris par Pellisson, combats solennels, non moins glorieux que ceux qu'il avait livrés pour prévenir la corruption et la décadence de la langue, et pour fléchir la colère d'un monarque irrité. Durant ces controverses, il n'avait pas cessé de s'occuper de son *Traité sur l'Eucharistie*, qui devait être le couronnement posthume de sa vie religieuse, comme il en avait été le grand travail. « Excellent dans tous ses autres ouvrages, Pellisson se surpassait ici lui-même, » dirons-nous, en empruntant une parole de Bossuet. Aussi, ce traité, substantiel, clair et méthodique, fruit de trente ans de lectures et de studieuses méditations, ne tarda pas à être proclamé un chef-d'œuvre de science et d'onction.

Mais la mort l'avait surpris au milieu de son sommeil, après qu'il se fût entretenu, la veille encore, avec Bossuet de son *Traité sur l'Eucharistie*, qu'il s'était disposé à recevoir le lendemain (41). — En vain ses anciens coreligionnaires voulurent voir dans ces circonstances une preuve de la rétractation implicite de son abjuration. Vainement un académicien mécréant et moqueur essaya-t-il de faire accroire que Pellisson mourait protestant. Nous avons, pour leur répondre, le témoignage de Bayle, — qui dédaigne tous ces bruits suspects, — et par-dessus tout, celui de Bossuet. Oui, proclamons-le bien haut avec le grand évêque : « La surprise qui est arrivée à Pellisson ne doit pas nous empêcher « d'espérer de le trouver dans la compagnie des justes, « puisqu'il a vécu dans la fréquentation du sacrement dont « il établit la grandeur dans son dernier ouvrage, et qu'il « était beaucoup plus soigneux de le goûter que de l'en- « tendre. »

Bien des qualités ont été signalées comme des gloires pour Pellisson : on l'a étudié, admiré comme héros et causeur de salon, comme poëte et bel esprit, comme académicien et avocat, historien et administrateur. On salue en lui le spirituel *épistolier* et le protecteur des lettres, l'ami de Sapho, de Conrart, de la Fontaine, de Tallemant et de Maucroix ; — mais on n'a pas assez fait ressortir en lui l'homme religieux,

comme si sa gloire avait été obscurcie par sa conversion.
Oui, on a méconnu chez Pellisson le controversiste et l'a-
pôtre, l'ami de Huet et de l'abbé de Rancé; et cependant
nous ne saurions trop le répéter, ce troisième rôle est loin
d'être inférieur aux deux autres. L'homme religieux, dans
Pellisson, c'est l'homme qui, prévenu par une nature ou-
verte aux expansions de la charité, pensa toujours à ceux
qui l'entouraient avant de songer à lui-même ; c'est l'homme
qui, favorisé par la Providence, alors que son entourage
semblait devoir le retenir dans l'hérésie, ne put consentir à
partager aveuglément les préjugés de sa secte, mais, au
contraire, voulut les discuter dans la solitude d'une prison,
où il retrouva et la pure liberté de ses croyances et la conso-
lante lumière de la foi. L'homme religieux, dans Pellisson,
c'est encore cet homme qui, rendu à la liberté physique et
intellectuelle, célébrera désormais cet anniversaire, après sa
sortie de la Bastille, en délivrant des prisonniers, — lui qui,
encore protestant et dix ans avant son abjuration, avait fait
célébrer un service pour l'âme de son ami Sarrazin, de cet
autre favori des muses, dont il avait recommandé les œuvres
à ses contemporains.

Voilà comment s'est combinée chez Pellisson cette triple
personnification de l'unité de la Langue, du Pouvoir et de la
Foi, dont il a été la représentation vivante et active durant
les diverses phases de sa vie littéraire, politique et religieuse.
Nous eussions même pu trouver des circonstances dans lesquelles il nous aurait apparu comme le défenseur et le repré-

sentant de cette triple unité tout ensemble: c'est ce qui se produisit lorsque, sans cesser d'être à la cour du monarque, il continue à honorer les lettres françaises par de nouvelles œuvres historiques, et que, abbé, il défend courageusement les droits religieux de ses abbayes.

Il est un caractère que la postérité admirera dans Pellisson, c'est le noble et généreux dévouement, l'amitié constante et courageuse, et l'éloquence qui s'inspira dans ces sentiments. — Ici une coïncidence nous a frappé, quand nous avons lu l'admirable discours sur l'*Indépendance de l'avocat*, prononcé par d'Aguesseau l'année même de la mort de Pellisson. Bien que le défenseur de Fouquet ne soit pas nommé par le célèbre chancelier, n'est-il pas permis de croire que l'exemple de la vertu et de l'indépendance de ce courageux défenseur ne furent pas sans influence sur son esprit? Aussi, semble-t-il qu'en se reportant aux événements de cette année et aux impressions auxquelles ils devaient donner lieu, on soit naturellement porté à appliquer à Pellisson plus d'un passage de ce magnifique discours, ou plutôt à ne voir dans le grand chancelier que l'écho des sentiments de Pellisson. Oui, dirons-nous avec d'Aguesseau, dont la voix se confondra pour nous avec celle de Pellisson : — « Ce qui est un obstacle « dans les autres États devient un secours dans la profession « du barreau. Vous mettez à profit les injures de la fortune, « et une heureuse adversité a fait éclater un mérite qui, « peut-être, aurait vieilli sans elle dans le repos obscur « d'une longue prospérité... Le mérite, qui est l'unique ornement de notre profession, est le seul bien qui ne s'a- « chète point; et le public, toujours libre dans son suffrage, « donne la gloire et ne la vend jamais... Vous n'éprouvez ni « son inconstance ni son ingratitude; vous acquérez autant de « protecteurs que vous avez de témoins de votre éloquence;

« les personnes les plus inconnues deviennent les instruments
« de votre grandeur ; et, pendant que l'amour de votre devoir
« est votre unique ambition, leurs voix et leurs applaudisse-
« ments forment cette haute réputation que les places les plus
« éminentes ne donnent point. Heureux de ne devoir ni les
« dignités aux richesses, ni la gloire aux dignités ! » N'est-on
pas autorisé à penser que l'immortel auteur des *Mercuriales*,
en traçant ce portrait, avait en vue le courageux ami du surintendant, et se serait-il exprimé autrement, s'il eût été appelé
à prononcer l'éloge de celui dont la France déplorait la
perte ?

En terminant, un parallèle vient se placer sous notre plume,
entre Pellisson et un académicien du dix-huitième siècle (42).
Le contraste est trop frappant pour que nous ne nous y arrê-
tions pas. Un demi-siècle après que Pellisson, l'ami des anciens, se fût occupé de l'histoire et de la discipline de l'Académie, — un autre membre de cette illustre compagnie, grand
ami des modernes, cherchait à régenter et à réformer l'Académie : dédaignant les plans de son devancier, il voulait que
cet illustre corps renonçât à la composition du dictionnaire, de
la grammaire, d'une poétique et d'une rhétorique. Ce nova-
teur, si victorieusement réfuté par le grand écrivain qui avait
remplacé à l'Académie Pellisson, dont il était jaloux de défendre les pures et saines doctrines, eût voulu ériger la critique en souveraine et faire une arène de l'Académie ; — pré-
tentions étranges et d'ailleurs bien contradictoires, de la part
d'un homme qui ne méditait rien moins qu'un *Projet de Paix
perpétuelle !* — Il ne craignit pas de voir Pellisson sortir de
son tombeau pour le rappeler au respect des anciens et des
vraies traditions littéraires. Aussi, au lieu d'être admis, comme
Pellisson, au quarante et unième fauteuil, à titre d'académicien surnuméraire, l'abbé de Saint-Pierre se vit-il exclu de ce

corps littéraire. En effet, il avait méconnu les trois principes qui résument la vie publique et privée, sociale et littéraire de Pellisson : l'unité de la langue, en autorisant le néologisme, le romantisme et toutes les aberrations de l'orthographe néographique ; l'unité du pouvoir, en enseignant que le système de la *Polysynodie*, ou pluralité des conseils, était la forme de gouvernement la plus avantageuse, et d'autres utopies non moins étranges ; enfin, l'unité de la foi ; car, tandis que l'abbé Pellisson, déserteur courageux de l'hérésie, avait arboré et défendu le drapeau de la croyance catholique, dont il avait traité le dogme le plus auguste, — l'abbé de Saint-Pierre, né catholique, ne recule ni devant la calomnie, ni devant l'impiété, ni devant l'asservissement de la religion ; il sacrifie l'Église, et s'élève contre le célibat des prêtres, au nom de la politique. Tantôt il conseille aux missionnaires de s'en tenir rigoureusement à l'*essentiel du christianisme*, c'est-à-dire à la religion naturelle ; tantôt il prétend expliquer naturellement les miracles, se faisant le précurseur de Jean-Jacques Rousseau ; tantôt enfin il s'attaque perfidement au mahométisme, pour frapper en lui toute religion...

Voilà qui achève de nous faire apprécier l'homme éminent qui a une place si brillante parmi les esprits du grand siècle, celui qui fut le collaborateur du roi, le restaurateur de la langue, l'apôtre des hérétiques, magistrat intègre, avocat éloquent, écrivain brillant, causeur sans rival, et par-dessus tout ami dévoué.

Apôtres de la charité et ministres de la parole évangélique, honorez en Pellisson le convertisseur des protestants, l'auteur du *Traité de l'Eucharistie*, l'écrivain religieux, le précurseur de l'œuvre de la propagation de la foi...

Littérateurs et historiens, si fiers de la valeur intellectuelle de notre époque, apprenez à respecter les anciens en leur

demandant vos inspirations : honorez en Pellisson l'écrivain
jaloux de sa langue, l'historien de l'Académie et du grand roi.
Vivez avec vos contemporains dans les causeries, respectant
avec mesure, à l'exemple de Pellisson, les coutumes établies.
Mais, dans vos écrits, destinés à relier la chaîne entre les anciens
et la postérité, respectez comme lui cette tradition, et que les
enfants ne rougissent pas de suivre la trace de leurs pères.

Et vous, qui avez associé dans vos inspirations et dans votre
amour le culte religieux et le culte monarchique, vous qui,
après avoir joui de la puissance et goûté de la protection de
votre souverain, avez eu peut-être à dévorer les amertumes de
la disgrâce ou de l'abandon, apprenez de Pellisson à supporter
noblement vos épreuves, sans qu'elles puissent jamais diminuer
en vous cette inaltérable fidélité à votre roi ; et, comme lui,
n'hésitez pas à baiser la main qui vous aurait frappé.

Venez enfin, défenseurs du droit, saluez en Pellisson l'élégant
commentateur de Justinien, et, avant tout, le défenseur de
Fouquet ; saluez en lui l'éloquence du cœur et la fidélité du
dévouement. Vous qui, par une heureuse prérogative, avez reçu
du ciel le riche présent d'une entière indépendance, conservez
ce précieux trésor ; et, si vous êtes véritablement jaloux de
votre gloire, joignez la liberté de votre cœur à celle de votre
profession. Que le désintéressement soit toujours à vos yeux le
plus noble moyen de faire prévaloir des intérêts méconnus, et
que le courage soit votre seule arme pour le triomphe des
droits attaqués par une aveugle cupidité ou par une tyrannique
jalousie.

Le discours qui précède a obtenu une médaille d'or au concours littéraire
proposé en 1860 par la Société littéraire et scientifique de Castres (Tarn).

NOTES ET ÉCLAIRCISSEMENTS

(1) Nous avons adopté cette orthographe, quoique, d'après Nayral
(*Biographie castraise*), il ait écrit *Pélisson* dans sa jeunesse. Mais
des lettres adressées par lui au chancelier (1661), à Colbert, etc.,
qui se conservent dans la Bibliothèque impériale, sont signées PELLIS-
SON-FONTANIER. Sa mère s'appelait *Jeanne Fontanier*.

On a beaucoup discuté sur la ville où naquit Pellisson. Mais l'opinion qui le fait naître à Castres, soutenue dans un article de la
Mosaïque du Midi (1840, page 261 et suivantes), est abandonnée
par la ville de Castres elle-même.

Il n'est pas inutile d'indiquer ici les auteurs qui nous ont fait connaître Pellisson, et que nous avons dû consulter; ce sont, outre les
ouvrages de Pellisson lui-même : 1° *Dictionnaire* de Moréri, ouvrage
monumental où se trouvent d'intéressants articles généalogiques et
biographiques sur plusieurs membres de la famille de Pellisson; —
2° Discours de Fénelon, venant prendre séance à l'Académie française
à la place de Pellisson; — 3° le *Mercure* du 9 février 1693 (Notice
sur Paul Pellisson, par *Donneau de Visé*); — 4° le *Journal des sa-*
vants, année 1693, pages 282 et suivantes (article de l'*abbé Bosquil-*
lon); — 5° Bayle, *Dictionnaire critique;* — 6° *Histoire de la vie et*

des œuvres de la Fontaine, par le baron de Walckenaër, 1824 ; — 7° *Siècle de Louis XIV*, par Voltaire ; — 8° *Cours de littérature ancienne et moderne*, par la Harpe ; — 9° *Histoire de la littérature française*, par M. Nisard ; — 10° Notice sur Pellisson, par l'abbé d'Olivet, continuateur de l'Histoire de l'Académie française ; — 11° Œuvres de Bossuet, édition de Versailles, tome XXXVI, pages 248 et suivantes (*Lettres*) ; — 12° *Histoire de Bossuet*, par Mgr de Bausset ; — 13° *Histoire de la détention de Fouquet, de Pellisson, etc.*, par Delort, 1829 ; — 14° *Biographie castraise*, par Nayral ; 4 vol., Castres, 1840 ; — 15° *Lettres de madame de Sévigné*, passim ; — 16° *Étude sur la vie et les œuvres de Pellisson*, par M. Marcou, 1859 ; — 17° *De la société française au dix-septième siècle*, par M. V. Cousin ; 2 vol., 1858 ; — 18° *Madame de Sablé*, par le même ; — 19° *Mosaïque du Midi*, quatrième année, 1840 ; — 20° l'*Imagination*, poëme de J. Delille, chant VIe ; — 21° *Causeries du lundi*, par M. Sainte-Beuve, *passim*.

(2) La *Chambre de l'Édit*, ou *Chambre mi-partie*, était une de ces Cours souveraines de justice établies à la fin du seizième siècle comme moyen de pacification entre les catholiques et les protestants, qu'elle admettait indistinctement à siéger ensemble. Elle avait été fondée à Castres en 1595, et était allée momentanément tenir ses séances à Béziers, siége d'un parlement. — Voyez, à ce sujet, une intéressante dissertation historique communiquée par M. A. Combes, avocat, à la *Société littéraire et scientifique* de Castres, dans ses séances des 11 et 25 février 1859. (*Procès-verbaux des séances*, 1860, pages 106 et suivantes.)

(3) Pellisson quitta Cahors en 1637, à l'âge de treize ans, avec le titre de *bachelier ès Cahors*. Cujas avait enseigné le droit en 1554, dans cette même ville que Fénelon devait quitter, un siècle plus tard, en 1665, après y avoir terminé, à quatorze ans, ses humanités et sa philosophie.

(4) Toulouse avait vu naître *Cujas*, le président *Duranti* et *Du Faur de Pibrac*, dans l'ordre judiciaire ; *Maynard, Goudouli, Bunel*, etc.,

dans le monde des lettres. — Les mêmes personnages y cultivaient à la fois la littérature et la jurisprudence; tels étaient : *Doujat,* qui brillait à la fois comme poëte, grammairien et jurisconsulte; *Fermat,* qui ne se rendait pas moins célèbre comme helléniste et géomètre que comme magistrat, etc.

(5) Pierre GOUDOULI, poëte toulousain, qui écrivit dans l'idiome patois de son pays, était né en 1579, et touchait déjà à la fin de sa carrière quand Pellisson eut l'occasion de l'entendre à Toulouse (de 1637 à 1645); il mourut en 1649.

(6) Daniel HUET, le célèbre évêque d'Avranches, était à peu près du même âge que Pellisson. Né à Caen en 1630, il fonda, en 1662, une académie dans sa ville natale, comme Pellisson avait fondé celle de Castres, fut adjoint deux ans après à Bossuet comme sous-précepteur du Dauphin, et s'occupa de la publication de la belle collection des classiques *ad usum Delphini,* mais surtout d'études philosophiques. Il se rencontra et se lia avec Pellisson dans les salons de mademoiselle de Scudéry. En 1674, il devint membre de l'Académie française, et, en 1679, évêque d'Avranches. Huet mourut à Paris en 1721, dans un âge fort avancé. M. l'abbé Flottes a publié, dans ces derniers temps, une remarquable Étude sur ce savant prélat. (Montpellier, *Seguin,* 1857.)

(7) Étienne Pasquier, dans sa préface de l'*Interprétation des In-stitutes de Justinien.*

(8) Voyez notamment quinze lettres inédites, extraites du célèbre manuscrit *in-folio* de Conrart (tome V), et récemment publiées par M. Marcou, à la suite de son *Étude sur la vie et les œuvres de Pel-lisson.* Ces lettres se rapportent aux années 1650 et 1651. On trouve dans ce même volume de Conrart plusieurs lettres de Pellisson à ma-demoiselle de Scudéry, publiées en partie par M. Cousin, à la fin du tome II de son curieux ouvrage, *De la Société française au dix-sep-*

tième siècle, d'après le grand Cyrus de mademoiselle de Scudéry.
— Les manuscrits de Conrart, un dès plus précieux joyaux de la
Bibliothèque de l'Arsenal, se composent de dix-huit volumes in-folio
et de vingt-quatre volumes in-quarto. Il est difficile de dire toute l'uti-
lité qu'on peut en retirer pour la connaissance de l'histoire littéraire
du grand siècle.

(9) C'est en 1650 que Pellisson fut atteint de la petite vérole. Madame de Sévigné commença alors à dire de lui qu'*il abusait de la per-
mission qu'ont les hommes d'être laids.*

(10) Portrait d'Herminius dans la *Clélie* de mademoiselle de Scudéry. La clef de cet ouvrage nous apprend que Pellisson était peint et
personnifié dans ce personnage. Boileau, écrivant à Brossette (7 janvier
1703, lettre XXIVe), le déclare formellement : « *Le généreux* Herminius, *c'est M. Pellisson...* »

(11) M. Sainte-Beuve (*Causeries du lundi,* tome IV, page 114),
après avoir rappelé les plus célèbres d'entre les admirateurs de mademoiselle de Scudéry, ajoute : « ... Pellisson, *qui désola et supplanta
Conrart,* etc...; si quelque chose me prouve que Pellisson, malgré son
élégance et sa pureté de diction, *ne fut jamais un Attique véritable,*
et *qu'il ignora toujours les vraies grâces,* c'est précisément son goût
déclaré pour mademoiselle de Scudéry, etc... »

(12) Nous recommandons surtout à ce sujet la lecture du chapitre xii de l'intéressant ouvrage, déjà cité, de M. Cousin : *Mademoiselle de Scudéry, son caractère et celui de sa société* (tome II,
pages 120 à 186).

(13) Le vers 209e de la satire VIII de Boileau :

    « L'or même à la laideur donne un teint de beauté. »

ce vers avait été d'abord ainsi rédigé :

    « L'or même à Pellisson donne un teint de beauté. »

(14) Nous nous sommes inspirés, dans quelques-uns des aperçus qui précèdent, de l'excellente *Histoire de la littérature française* de M. Nisard. (Voyez notamment le tome II, page 231 et suivantes.)

(15) Il faut en excepter le *Cid* de Corneille et le *Discours sur la Méthode* de Descartes, qui parurent, le premier en 1636, le second l'année suivante.

(16) Sauf l'académie des Jeux floraux, fondée à Toulouse dans le quatorzième siècle.

(17) L'ouvrage fut intitulé : *Relation contenant l'histoire de l'Académie française*, etc. — Une nouvelle édition de cet ouvrage, avec la continuation de l'abbé d'Olivet, a été donnée récemment par M. Livet. (*Didier*, 2 volumes in-8°.)

(18) Fénelon, *Discours de réception à l'Académie.* — Puisque nous parlons de jalousie, disons qu'elle n'eut jamais de place dans le cœur de Pellisson ; on l'a calomnié lorsqu'on l'a accusé d'avoir voulu supplanter Conrart... (M. Sainte-Beuve, cité ci-dessus), d'avoir, par des intrigues ourdies avec Montausier, suspendu l'exécution du privilége que le roi avait ordonné à Colbert d'accorder à Boileau pour son *Art poétique* (1674), etc. — On a vu son amitié avec Conrart, auquel il a donné une place honorable dans son *Histoire de l'Académie*. Quant à ses prétendues intrigues auprès de Colbert, elles sont d'autant moins vraisemblables qu'à l'époque de la publication de l'*Art poétique* de Boileau, Pellisson, quoique attaché à la personne du roi, ne devait pas entretenir des rapports d'intimité avec Colbert, après les rigueurs que ce ministre avait déployées contre lui, après sa captivité. (*Voyez la suite du discours.*) — Le premier grief, relatif à ses procédés à l'égard de Conrart, se trouve encore démenti par l'assiduité de Pellisson à sa maison de campagne d'Athis, ainsi que cela résulte de documents historiques certains, comme on peut le voir dans l'ouvrage de M. Cousin, tome II, chapitre XVI.

(19) Cette année même (1860), *M. Richard*, conservateur-adjoint
de la *Bibliothèque impériale*, a découvert et signalé l'existence d'un
précieux manuscrit, composé d'une centaine de pages *in-folio*, et re-
montant à l'année 1673. Le titre primitif de ce travail (*Résolutions
de l'Académie française touchant l'orthographe, prises sur les pro-
positions et recherches de M. de Mézeray*) avait été changé sur la
modeste remarque de Pellisson, et remplacé par celui-ci : *Sentiments
de l'Académie française touchant l'orthographe, prises*, etc... Là
on assiste à une discussion sincère, presque animée, sur des questions
d'orthodoxie philologique, méthode dont l'Académie n'a peut-être pas
assez religieusement conservé la tradition. On y voit l'Académie s'occuper de fixer l'orthographe flottante et souvent arbitraire. « Ce cahier,
est-il dit en tête du manuscrit, devait passer par les mains de mes-
sieurs de l'Académie, pour être vu et examiné par eux. Ils étaient
priés d'écrire leur sentiment signé, sur chaque article, dans un feuillet
blanc à côté, et d'envoyer le cahier au suivant le plus tôt possible... »

(20) Voyez l'*Étude sur la vie et les œuvres de Pellisson*, par
M. Marcou, chapitre VI.

(21) Fléchier, *Oraison funèbre de Turenne*. — Ce fut en 1657
que Pellisson consentit à se mettre plus entièrement à la disposition du
roi, en devenant l'auxiliaire du surintendant. La Fronde avait duré,
comme on sait, de 1648 à 1653.

(22) « Fouquet, dit Walckenaër (*Histoire de la Fontaine*, pages
25-26), savait distinguer les gens de lettres et les artistes qui naissaient
alors à la gloire, et les encourager par des largesses. *L'homme le plus
éloquent de ce temps*, PELLISSON, *était son premier commis...*
La Fontaine plut à Fouquet; celui-ci le prit pour son poëte, se l'attacha
et lui fit une pension de mille francs, à condition qu'il en acquitterait
chaque quartier par une pièce de vers, condition qui fut exactement
remplie... » — Nous citerons ici deux quittances faites par Pellisson
à l'occasion de ballades envoyées par la Fontaine à madame et à

M. Fouquet, pour le premier et le second terme de sa pension. Elles
se rapportent à l'année 1659.

QUITTANCE PUBLIQUE

Par—devant moi, sur Parnasse notaire,
Se présenta la reine des beautés,
Et des vertus le parfait exemplaire,
Qui lut ces vers; puis, les ayant comptés,
Pesés, revus, approuvés et vantés,
Pour le passé voulut s'en satisfaire,
Se réservant le tribut ordinaire
Pour l'avenir, aux termes arrêtés.
Muses de Vaux, et vous, leur secrétaire,
Voilà l'acquit, tel que vous souhaitez;
Et puissiez-vous en cent ans autant faire[1]*!...*

QUITTANCE SOUS SEING PRIVÉ

De mes deux yeux ou de mes deux soleils,
J'ai lu vos vers, qu'on trouvé sans pareils,
Et qui n'ont rien qui ne me doive plaire.
Je vous tiens quitte et promets vous fournir
De quoi partout vous le faire tenir,
Pour le passé, mais non pour l'avenir.
En puissiez-vous dans cent ans autant faire!...

Ces deux quittances, attribuées à tort à la Fontaine, qui ne pouvait
ainsi se donner quittance à lui-même, ni s'intituler le secrétaire des
muses, sont bien de Pellisson. En effet, *Chardon de la Rochette*,
éditeur de l'ouvrage de Mathieu Marais (*Histoire de la vie et des ouvrages de la Fontaine*, 1811), a trouvé, à la suite des feuilles volantes
qui contenaient diverses pièces inédites de notre poëte, ces deux quittances, écrites de la main même de Pellisson. (Note du baron Walckenaër, dans le tome VI de son édition des *OEuvres de la Fontaine*,
pages 224-226.)

[1] Les trois dizains de la Ballade à madame Fouquet se terminaient tous
par ce vers, par lequel la Fontaine formait le vœu de voir longtemps cette
dame recevoir ses vers avec bienveillance, et lui en faire délivrer quittance
par Pellisson.

Pellisson, chargé de payer à la Fontaine la pension que lui faisait monseigneur le surintendant, recevait à son tour les remercîments du poëte. Chardon de la Rochette nous apprend qu'il a eu entre les mains la copie d'une épître de la Fontaine, sur laquelle se trouvait une apostille de la main de Pellisson, ce qui prouvait que ce dernier en avait fait l'envoi à Fouquet. Cette pièce, évidemment adressée à Pellisson, fut publiée en 1685, et précédée d'une note ainsi conçue : « M..., ayant dit que je devais lui donner pension pour les soins qu'il prenait de faire valoir mes vers, j'envoyai quelque temps après cette lettre à M... (Pellisson). »

Voici cette épître de la Fontaine, telle que l'a reproduite le baron de Walckenaër, au tome VI de l'édition précitée des *OEuvres de la Fontaine :*

ÉPITRE A M. PELLISSON

Je vous l'avoue, et c'est la vérité,
Que monseigneur n'a que trop mérité
La pension qu'il veut que je lui donne.
En bonne foi, je ne sache personne
A qui Phébus s'engageât aujourd'hui
De la donner plus volontiers qu'à lui.
Son souvenir, qui me comble de joie,
Sera payé tout en belle monnoie
De madrigaux, d'ouvrages ayant cours.
(Cela s'entend sans manquer de deux jours
Aux termes pris, ainsi que je l'espère.)
Cette monnoie est sans doute légère,
Et maintenant peu la savent priser ;
Mais c'est un fonds qu'on ne peut épuiser.
Plût aux Destins, amis de cet Empire,
Que de l'Épargne[1] on en pût autant dire !
J'offre ce fonds avec affection,
Car, après tout, quelle autre pension
Aux demi-dieux pourrait être assinée[2]?
Pour acquitter celle-ci, chaque année
Il me faudra quatre termes égaux.
A la Saint-Jean[3] je promets madrigaux

---

[1] On appelait ainsi le *trésor royal.*
[2] Mot mis pour la rime, au lieu d'*assignée.*
[3] Les baux à ferme tombaient à échéance aux époques de la moisson, de la vendange, du nouvel an et de Pâques.

Courts et troussés, et de taille mignonne :
Longue lecture en été n'est pas bonne.
Le chef d'octobre aura son tour après ;
Ma muse alors prétend se mettre en frais :
Notre héros, si le beau temps ne change,
De menus vers aura pleine vendange.
Ne dites point que c'est menu présent,
Car menus vers sont en vogue à présent.
Vienne l'an neuf, ballade est destinée :
Qui rit ce jour, il rit toute l'année.
Or, la ballade a cela, se dit-on,
Qu'elle fait rire, ou ne vaut un bouton.
Pâques, jour saint, veut autre poésie :
J'enverrai lors, si Dieu me prête vie,
Pour achever toute la pension,
Quelque sonnet plein de dévotion.
Ce terme-là pourrait être le pire :
On me voit peu sur tels sujets écrire :
Mais tout au moins je serai diligent ;
Et si j'y manque, envoyez un sergent ;
Faites saisir, sans aucune remise,
Stances, rondeaux et vers de toute guise :
Ce sont nos biens. Les doctes nourrissons
N'amassent rien, si ce n'est des chansons.
Ne pouvant donc présenter autre chose,
Qu'à son plaisir le héros en dispose.
Vous lui direz qu'un peu de son esprit
Me viendrait bien pour polir chaque écrit.
Quoi qu'il en soit, je me fais fort de quatre,
Et je prétends, sans un seul en rabattre,
Qu'au bout de l'an le compte y soit entier :
Deux en six mois, un par chaque quartier.
Pour sûreté, j'oblige par promesse
Le bien que j'ai sur le bord du Permesse ;
Même au besoin notre ami Pellisson
Me pleigera [1] d'un couplet de chanson.
Chanson de lui tient lieu de longue épître,
Car il en est sur un autre chapitre.
Bien nous en prend : nul de nous n'est fâché
Qu'il soit ailleurs jour et nuit empêché.

A mon égard je juge nécessaire
De n'avoir plus sur les bras qu'une affaire,

---

[1] *Sera ma caution*, vieux mot, très-expressif, que les Anglais ont conservé, dans le verbe *to pledge*, d'un usage fréquent.

> C'est celle-ci : J'ai donc intention
> De retrancher toute autre pension,
> Celle d'Iris même : c'est tout vous dire.
> Elle aura beau me conjurer d'écrire. -
> En lui payant pour ses menus plaisirs
> Par an trois cent soixante-cinq soupirs
> (C'est un par jour, la somme est assez grande),
> Je n'entends point après qu'elle demande
> Lettre ni vers, protestant de bon cœur
> Que tout sera gardé pour monseigneur [1].

(23) D'Olivet. — Ceci nous rappelle un mot de Charles V, roi de France. Un ami de ce prince lui parlait avec attendrissement du bonheur de son règne : « *Savez-vous*, lui dit-il, *pourquoi je suis heureux ? C'est parce que j'ai le pouvoir de faire du bien.* »

(24) Delille, poëme de l'*Imagination*, passage cité ci-après. Ce vers semble être, sous la plume du traducteur de Virgile, une réminiscence de ce beau vers du grand poëte latin :

> « Tantum infelicem nimium dilexit amicum. »
> (*Æneid*, IX, v. 430.)

> « Hélas ! il aima trop un ami malheureux. » (Delille.)

(25) Le passage qui termine le VIe chant du poëme de l'*Imagination* de Delille est bien connu. Nous croyons cependant devoir le rappeler ici :

> Ah ! sous le poids des fers si l'esprit peut s'éteindre,
> Combien l'égarement est encor plus à craindre
> Pour un ami des arts, de qui l'esprit ardent
> Veut, dans le monde entier, errer indépendant,
> Et de qui l'âme fière, ombrageuse et sauvage,
> S'effarouche et s'irrite au seul nom d'esclavage !
> Tel fut ce Pellisson, dont la constante foi
> Brava, pour un ami, le courroux d'un grand roi.
> Digne élève des arts, sa généreuse audace
> De l'illustre Fouquet embrassa la disgrâce ;
> Et tandis que, dans Vaux, aux naïades en pleurs,
> La Fontaine faisait répéter ses douleurs,

---

[1] Le surintendant.

Pellisson dans les fers suivit cette victime :
Aimer un malheureux, ce fut là tout son crime.
Trop souvent du pouvoir les agents détestés
Joignent à ses rigueurs leurs propres cruautés.
Du triste Pellisson pour combler la misère,
On avait retranché, de son toit solitaire,
Ses livres, ses travaux et l'art consolateur
Qui confie au papier les sentiments du cœur.
Déjà, dans les langueurs de sa mélancolie,
Il sentait par degrés s'approcher la folie.
Pour tromper ses chagrins il invente un secret,
Frivole en apparence, et puissant en effet :
Des milliers de ces dards, dont les pointes légères
Fixent le lin flottant sur le sein des bergères,
Jetés sur ses lambris, ramassés tour à tour,
Trompaient dans sa prison les longs ennuis du jour ;
Mais bientôt ce vain jeu ne fut qu'un soin pénible :
L'être qui sent, lui seul, console un cœur sensible.
Au défaut des humains, souvent les animaux
De l'homme abandonné soulagèrent les maux ;
Et l'oiseau qui fredonne, et le chien qui caresse,
Quelquefois ont suffi pour charmer sa tristesse.
L'infortune n'est pas difficile en amis :
Pellisson l'éprouva. Dans ces lieux ennemis,
Un insecte aux longs bras, de qui les doigts agiles
Tapissaient ces vieux murs de leurs toiles fragiles,
Frappe ses yeux : soudain, — que ne peut le malheur ! —
Voilà son compagnon et son consolateur !
Il l'aime : il suit de l'œil les réseaux qu'il déploie ;
Lui-même il va chercher, va lui porter sa proie.
Il l'appelle, il accourt, et jusque dans sa main
L'animal familier vient chercher son festin.
Pour prix de ces secours il charme sa souffrance ;
Il ne s'informe pas, dans sa reconnaissance,
Si de ce malheureux, caché dans sa prison,
Le soin intéressé naît de son abandon.
Trop de raisonnement mène à l'ingratitude :
Son instinct fut plus juste ; et, dans leur solitude
Défiant et barreaux, et grilles, et verrous,
Nos deux reclus entr'eux rendaient leur sort plus doux ;
Lorsque, de la vengeance implacable ministre,
Un geôlier au cœur dur, au visage sinistre,
Indigné du plaisir que goûte un malheureux,
Foule aux pieds son amie, et l'écrase à ses yeux :
L'insecte était sensible, et l'homme fut barbare !
Ah ! tigre impitoyable et digne du Tartare,

> Digne de présider au tourment des pervers,
> Va, Mégère t'attend au cachot des enfers !
> Et toi, de qui Pallas punit la hardiesse,
> Et qui par ton bienfait reconquis ta noblesse,
> Dont peut-être l'instinct, dans ce mortel chéri,
> Devinait des Beaux-Arts l'illustre favori,
> Arachné, si mes vers vivent dans la mémoire,
> Ton nom de Pellisson partagera la gloire ;
> On dira ton bienfait, ses vertus, ses malheurs,
> Et ton sort avec lui partagera nos pleurs.

(26) On regrette et on s'étonne que Fénelon, dans son discours de réception à l'Académie française, ait entièrement passé sous silence cette glorieuse phase de la vie de son prédécesseur.

(27) Le savant M. Walckenaër, dans ses *Mémoires sur madame de Sévigné*, n'a pas craint d'élever cette accusation contre Pellisson.

(28) C'est peut-être cet art admirable qui a donné lieu de trouver, à la manière de Pellisson, un tour cicéronien ; et, il faut bien le dire, ses *Défenses* nous rappellent parfois certains mouvements du défenseur de Milon.

(29) Voyez quelques détails à ce sujet, et particulièrement sur l'ingratitude de madame de Maintenon envers Pellisson, dans l'ouvrage de M. Marcou (pag. 254, 255).

(30) Il s'agit ici d'*Olivier d'Ormesson*, auteur de l'*Histoire du procès de Fouquet*. — Pellisson était sorti de la Bastille dans les derniers jours de janvier. Or « le mercredi 3 février 1666, dit d'Or-« messon dans son *Journal*, madame de Sévigné m'amena M. Pellis-« son et mademoiselle de Scudéry, qui me témoignèrent toute l'estime « et l'amitié possible sur l'histoire du procès de M. Fouquet... »

(31) Voyez, dans les manuscrits de Conrart, mentionnés ci-dessus (8), une lettre de l'abbesse de Malnoue à Isarn, contenant ces mots : « ..... Le roi l'a fort bien reçu (Pellisson) et en a dit beaucoup de

« bien; tout Paris dit que le roi va l'employer, etc... » (*Manuscrits de Conrart*, tome XI, page 1259; lettre du 10 février 1666).

(32) On retrouve, dans les œuvres historiques de Pellisson, des documents curieux qu'on chercherait vainement ailleurs; comme, par exemple, un discours de Louis XIV, recueilli au siége devant Lille, le 23 août 1677, de la bouche même du roi. C'est un discours sur la Gloire et sur les mobiles qui remplissaient l'âme de ce prince à ce moment. Il s'était exposé à une affaire deux jours auparavant, et, comme on le lui reprochait, il en donne les raisons avec une solennité naïve. Ce discours nous livre à nu Louis XIV jeune, dans son premier appareil d'ambition : « Il me semble, y dit-il, qu'on m'ôte de ma gloire quand on peut en avoir sans moi; » et plus loin : « Il n'y a point de roi, pour peu qu'il ait le cœur bien fait, qui voie tant de braves gens faire litière de leur vie pour son service, et qui puisse demeurer les bras croisés... »

(33) Voyez Nisard, *Histoire de la littérature française*, tome II, pages 411 et suivantes.

(34) *Traité de l'Eucharistie*, par Pellisson, page 12.

(35) D'Olivet.

(36) 29 mars 1693. *OEuvres de Bossuet*, édition de Versailles, *Lebel*, tome XXXVI, page 248. — Il suffit encore de lire une autre pièce d'une autorité non moins irrécusable : nous voulons parler de la lettre que Pellisson écrivit au roi le jour même de sa conversion. Cette lettre nous a été conservée par *Rapin-Thoyras*, très-peu suspect en cette matière, d'abord, parce qu'il était protestant entêté; et, en second lieu, parce que, quoique neveu de Pellisson, il n'avait pas craint de s'associer aux accusations formulées par Voltaire sur la sincérité de la conversion de son oncle. — Après cela, qu'on prête encore l'oreille, si on veut, aux amères et malveillantes insinuations que ce dernier a hasardées dans son *Siècle de Louis XIV* (chapitre XXXVI), et dans son *Catalogue des écrivains du siècle de Louis XIV*.

(37) Tout le monde connaît l'admirable livre publié par Mgr Gerbet, évêque de Perpignan, sous ce titre : *Considérations sur le* DOGME GÉNÉRATEUR *de la piété catholique.* Cet ouvrage, qui parut en 1829, et qui en est à sa cinquième édition, a été traduit dans la plupart des langues de l'Europe.

(38) Il y avait eu *dix mille* conversions durant les trois années 1677, 1678 et 1679 : le catalogue en fut adressé au pape, qui, dans sa joie, envoya un bref de félicitations à Pellisson. Mais, en deux ans, « ce nombre de prédestinés » monta jusqu'à *cinquante mille huit cent trente*, total arrêté à la fin de 1682. (Voyez les *Lettres* de Pellisson au pape Innocent XI.)

(39) Pellisson a laissé d'excellents livres ascétiques où l'on ne trouve ni austérité ni exaltation. Nous citerons : 1° L'*Année chrétienne ;* — 2° *Courtes prières durant la sainte messe ;* — 3° *Prières au saint sacrement de l'autel ;* — 4° *Prières sur les épîtres et évangiles,* etc... « Il y a dans ces prières, — disait M. Bergeret dans sa réponse au discours de réception de Fénelon, — un feu divin et une sainte onction qui marquent tous les sentiments d'une véritable piété... »

(40) *Rapin-Thoyras,* lettre déjà citée.

(41) M. Bergeret disait à ce sujet : « .... C'est sur un ouvrage si « catholique et si saint que la mort vint le surprendre. Heureux, di- « rons-nous avec un de ses panégyristes, *heureux d'avoir expiré le* « *cœur plein de ces pensées et de ces sentiments!...* » Ce nouveau témoignage contemporain achève de réfuter les calomnies de Voltaire et consorts.

(42) L'*abbé de Saint-Pierre,* publiciste et philanthrope, né en 1658, mort en 1743. Voyez une étude très-intéressante publiée récemment sur cet écrivain par *M. Goumy* (Hachette, 1860).

FIN

PARIS. — IMP. SIMON RAÇON ET COMP., RUE D'ERFURTH, 1.